😊 저학년 신체활 ... 수업길잡이!

뻔한 10가지 교구로 만드는 FUN한 100가지 신체활동

글 오정근 양현서 박규빈 / 그림 조영준

WellBook

Well Life, Well Book

뻔한 10가지 교구로 만드는 FUN한 100가지 신체활동

1판 1쇄 발행_ 2022년 11월 30일

글쓴이 오정근, 양현서, 박규빈
그린이 조영준
발행인 임종훈
관리 박란희
디자인 인투
출력/인쇄 정우P&P

주소 서울시 마포구 방울내로 11길 37 프리마빌딩 3층
주문/문의전화 02-6378-0010 **팩스** 02-6378-0011
홈페이지 http://www.wellbook.net

발행처 도서출판 웰북 **정가** 20,000원

ISBN 979-11-86296-88-2 13370

● 본 도서의 교구 이미지는 (주)위피크 〈스포타임〉에서 제공받아 제작되었습니다.
www.sportimekorea.co.kr

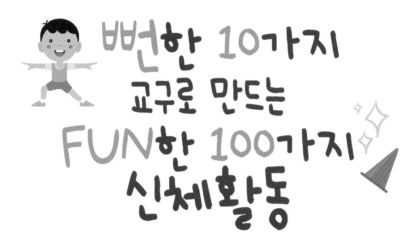

프롤로그

학생들은 유치원에서의 아주 기초적인 움직임 학습을 시작으로 초등학교, 중학교, 고등학교 순으로 신체활동의 깊이를 깊게 하며 이전보다 더 온전(穩全)한 사람으로 성장합니다. 그런 의미로 신체활동은 학생들이 전인(全人)으로 성장하게 하는 최고의 영양제라는 생각이 듭니다.

현재 초등학교에서는 통합교과 '즐거운 생활'과를 통해 1, 2학년 학생들의 기초적인 움직임 활동이 시작되며, 초등학교 3학년부터 정식으로 '체육'이라는 교과를 통해 신체활동을 경험해갑니다. 그러나 기존의 즐거운 생활 교육과정은 다양한 신체활동 중 표현활동에 집중하는 점, 체육 교과와 연계가 부족하다는 점에서 적극적인 저학년 신체활동 운영에 어려움이 있었습니다. 이에 대한 대안으로 2022 개정 교육과정에서는 '초등 1, 2학년 학생들의 대근육 활용 신체활동과 실질적 움직임 기회 제공을 위한 실외놀이 및 신체활동이 강화', '안전한 생활의 재구조화로 주 2회 이상 신체활동 및 실외놀이 시수 확보' 등과 같이 저학년 학생들의 신체활동 시간을 확대하려는 시도가 진행되고 있습니다.

하지만 1, 2학년을 대상으로 신체활동을 가르치는 것은 상당한 교육적 노력이 필요합니다. 안전에 대한 고려를 비롯하여 학생들의 욕구, 발달단계에 어울리는 활동 구성, 교구 준비, 장소 확보 등 어느 하나 쉽게 지나칠 수 없는 요소들이 무더기로 발생합니다. 실제로 초등교사 커뮤니티에서 1, 2학년 신체활동 수업의 어려움에 관한 질의응답 결과, '수업 중 지켜야 할 기본적인 질서 지도, 술래에 대한 집착, 규칙 이해, 동기 수준이 낮은 혹은 높은 학생들에 대한 지도, 과밀학급 및 소인수 학급' 등의 다양한 이유로 1, 2학년 담임 선생님들은 저학년을 대상으로 하는 신체활동 수업에 대한 어려움을 토로하기도 하였습니다. 이와 같은 어려움은 신체활동을 수업을 하는 것에 부담을 느끼거나 소극적인 신체활동 운영으로 이어지기도 합니다.

그래서 저희는 1, 2학년 신체활동을 부담스러워하시는 선생님들께 1, 2학년 신체활동 준비 및 진행에서 발생하는 다양한 고민의 무게를 조금이나마 덜어드리고자 본 책을 집필하게 되었습니다. 저학년 신체활동이 더 이상 부담스러운 시간이 아닌, 자연스럽게 함께할 수 있는 편안한 시간이 되기를 바랍니다.

첫째, 1, 2학년 학생들을 대상으로 신체활동 수업을 진행할 때 필요한 다양한 가이드를 정리해보았습니다. 신체활동 수업이 진행되는 과정을 '수업 시작 전, 수업하는 중, 수업의 마무리'로 알고리즘화하여 떠올려보고, 이동 시 줄 세우는 방법부터 신체활동 수업 전 규칙 만들기, 체조 대형 만들기, 술래만 하고 싶어 하는 학생 지도하기, 수업 후 마무리하기 등 다양한 상황별로 도움이 되는 가이드를 자세하게 정리하였습니다.

둘째, 1, 2학년 학생이 할 수 있는 활동 및 간단한 준비물과 규칙으로 수업 준비 시간을 줄이고자 노력하였습니다. 복잡한 준비물을 많이 활용하기보다 모든 학교에 기본적으로 비치되어 있을 만한 교구들을 바탕으로 수업 전 준비 사항을 제시하고 있습니다.

셋째, 활동 내용을 전체적인 경기장 그림과 함께 네 컷 만화로 구성하여 이해하기 쉽게 제시하였습니다. 활동 준비부터 활동 전개 과정이 한눈에 들어오도록 하여 활동 진행의 부담을 덜어드리고자 노력하였습니다.

넷째, '더 Fun하게 만드는 난이도 조절 Tip!', '뻔하지 않은 활동 운영 Tip!'을 통하여 수업을 더 알차게 운영할 수 있도록 다양한 Tip을 제공하고 있습니다. 먼저, 난이도 조절 팁은 학생들의 수준에 따라 조금은 더 쉽게, 조금은 더 어렵게 수업을 진행할 수 있는 팁으로써 학생 수가 적어지거나 많아졌을 경우, 학생들의 개인차를 고려해야 하는 경우 등에 대비할 수 있는 팁을 제공하고 있습니다. 다음으로 활동 운영 팁에서는 활동 운영 시 꼭 필요한 지도 방법이나 규칙에 대한 설명을 덧붙이며 안전사고에 대비하여 미리 숙지하고 있어야 하는 내용을 제공하고 있습니다.

다섯째, 활동이 단순히 노는 활동에 그치지 않고, 배움이 있는 활동이 될 수 있도록 교육과정과의 연계성을 최대한 발휘하였습니다. 인간은 '놀이하는 존재(호모루덴스)'라는 개념처럼 1, 2학년 학생들에게 놀이를 통한 학습은 매우 중요합니다. 하지만 활동 자체가 놀이로만 머무르게 된다면, 학생들은 교육의 단면만을 경험하게 될 것입니다. 따라서 학생들이 교육의 단면만을 경험하는 것이 아닌 입체적인 배움을 경험함으로써 온전(穩全)한 사람으로 성장이 가능할 수 있도록 최대한 교육과정과의 연계 시도를 하였습니다.

교육에는 정답이 없다고 생각합니다. 그래서 본 책에서 제시하고 있는 다양한 가이드 및 교수학습 방법, 활동이 정답이라고 확신할 수는 없습니다만, 저학년 신체활동에 대하여 고민하고 계시는 선생님들께 조금이나마 도움이 될 수 있다는 것은 확신할 수 있습니다.

저희의 이 자료가 바탕이 되어 학생들의 신체활동 교육에 좀 더 새롭고 창의적인 교육자료가 만들어질 수 있기를 기대하고 고대해 봅니다. 만약 그런 상황이 온다면 더할 나위 없이 기쁠 것 같습니다.

이 책이 나오기까지 함께 수많은 고민을 한 박규빈 선생님, 오정근 선생님, 양현서 선생님, 조영준 선생님 모두 고생 많으셨습니다. 선생님들께서 분석해주신 자료들과 나누었던 수많은 이야기 덕분에 이 책이 출간될 수 있었습니다.

꾸준함의 아이콘으로 모소 대나무가 자주 언급되곤 합니다. 모소 대나무는 4년간 3cm밖에 자라지 않지만 5년째 되는 해부터는 하루에 50cm씩 자란다고 합니다. 더 나은 신체활동 교육을 위한 지금의 노력이 모소 대나무의 4년 중 한 해라고 생각됩니다. 이 책을 시작으로 신체활동을 향한 저희의 모소 대나무가 5년 그 이상이 되는 날이 기다려집니다.

이 책의 차례

PART I 저학년 신체활동이 걱정인
선생님들을 위한 수업길잡이

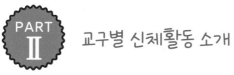

교구별 신체활동 소개

memo

I

저학년 신체활동이 걱정인
선생님들을 위한 수업길잡이

신체활동을 활용하여 수업을 운영하는 것은 어렵기도, 때로는 두렵기도 합니다. 교실에서 하는 수업과 달리 많은 변수가 발생하고, 수업의 흐름과 에너지도 다르기 때문입니다. 특히, 저학년 학생을 대상으로 이루어지는 신체활동은 보편화되지 않아 경험 부족과 미숙함으로 인한 어려움이 발생하며, 저학년 발달단계 특성을 고려한 수업 구성과 수업 통제의 까다로움, 장소 및 기자재의 부족과 같은 환경적 요인 등 수업을 운영하는 데 있어 다양한 어려움이 존재합니다.

그래서 '뻔한 10가지 교구로 만드는 Fun한 100가지 신체활동'은 학교 현장에서 저학년 신체활동을 지도하는 데 다양한 어려움을 겪고 있는 선생님들의 신체활동 수업 운영 부담을 덜 수 있는 하나의 길잡이가 되려고 합니다.

저학년 신체활동을 준비한다면 다음 페이지에 나와 있는 신체활동 수업 전 체크리스트를 확인해보시면 좋겠습니다. 이것을 따라가다 보면 신체활동에 대해 선생님께서 어느 부분을 두려워하는지 알 수 있을 것입니다. 수업 전에 준비해야 할 것부터 수업 중에 발생할 수 있는 일, 수업 후 정리까지 천천히 읽어보시고 성공적인 신체활동 수업을 만들어 가시길 바랍니다.

저학년 신체활동 수업 전 체크리스트 YES or NO?

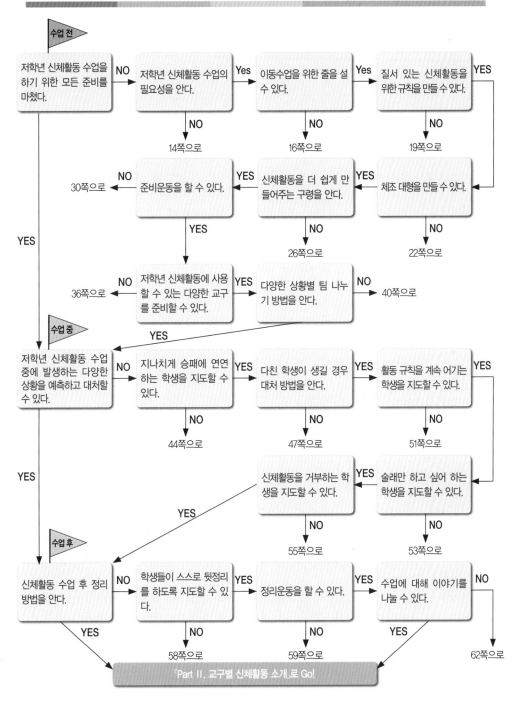

수업 전

저학년 신체활동 수업을 하기 위한 모든 준비를 마쳤다. ──NO→ 저학년 신체활동 수업의 필요성을 안다. ──Yes→ 이동수업을 위한 줄을 설 수 있다. ──Yes→ 질서 있는 신체활동을 위한 규칙을 만들 수 있다. ──YES

- NO → 14쪽으로
- NO → 16쪽으로
- NO → 19쪽으로

30쪽으로 ←NO── 준비운동을 할 수 있다. ←YES── 신체활동을 더 쉽게 만들어주는 구령을 안다. ←YES── 체조 대형을 만들 수 있다.

- YES
- NO → 26쪽으로
- NO → 22쪽으로

36쪽으로 ←NO── 저학년 신체활동에 사용할 수 있는 다양한 교구를 준비할 수 있다. ──YES→ 다양한 상황별 팀 나누기 방법을 안다. ──NO→ 40쪽으로

YES

수업 중

저학년 신체활동 수업 중에 발생하는 다양한 상황을 예측하고 대처할 수 있다. ──NO→ 지나치게 승패에 연연하는 학생을 지도할 수 있다. ──YES→ 다친 학생이 생길 경우 대처 방법을 안다. ──YES→ 활동 규칙을 계속 어기는 학생을 지도할 수 있다. ──YES

- NO → 44쪽으로
- NO → 47쪽으로
- NO → 51쪽으로

신체활동을 거부하는 학생을 지도할 수 있다. ←YES── 술래만 하고 싶어 하는 학생을 지도할 수 있다.

- YES
- NO → 55쪽으로
- NO → 53쪽으로

수업 후

신체활동 수업 후 정리 방법을 안다. ──NO→ 학생들이 스스로 뒷정리를 하도록 지도할 수 있다. ──YES→ 정리운동을 할 수 있다. ──YES→ 수업에 대해 이야기를 나눌 수 있다. ──NO

- YES
- NO → 58쪽으로
- NO → 59쪽으로
- YES
- → 62쪽으로

`Part II. 교구별 신체활동 소개」로 Go!`

YES (좌측 세로선: 수업 전 → 수업 중 → 수업 후)

1 저학년 신체활동 수업의 필요성

저학년 신체활동은 날로 그 중요성이 커져 2022 개정 교육과정까지 영향을 미쳤습니다. 하지만 교사가 저학년 신체활동 수업의 필요성을 느끼지 못한다면 그것을 간소화 혹은 생략하거나 '보상' 형식으로 운영할 가능성이 있고, 그럴 경우 아이들은 신체활동 수업 중에 흥분하거나, 이벤트성으로 이루어지는 수업에 규칙을 지키기 어려워합니다. 정돈되지 않는 분위기는 사고로 이어지며, 교사는 신체활동 수업을 어려운 길로 인식하고 포기하게 됩니다.

그러나 교사 마음속에 저학년 신체활동의 필요성에 대한 철학을 세운다면 자신 있게 신체활동 수업에 도전할 수 있을 것입니다. 지금부터 저학년 신체활동이 필요한 이유와 그로 인한 긍정적인 효과를 제시하고자 합니다.

첫째, 신체활동은 아동이 마땅히 누려야 할 권리이자 본능이고, 그 교육적 효과는 입증되었습니다. 유엔아동권리협약 제31조에 아동은 휴식과 여가를 즐기고, 자신의 연령에 적합한 놀이 및 예술과 문화 활동에 자유롭게 참여할 수 있는 권리가 있다고 합니다. 이에 따라 국가와 학교는 아동에게 이에 상응하는 신체활동의 기회를 주는 것이 마땅합니다. 하비 콕스(Harvey Cox)는 요한 하위징아(Johan Huizinga)의 '인간은 본질적으로 놀이하는 인간(호모 루덴스)'이라는 견해를 발전시켜, 인간은 놀이를 통해서 기본 욕구가 충족되는 충만함을 느끼며 '더불어 재미

있기', '재주를 칭송받기', '승리의 기쁨 누리기', '규칙 습득하기' 등도 익힌다고 말합니다. 또한 존 듀이는 아동이 놀이를 통해 얻는 경험은 그 자체로써 가치를 지닐 수 있으며, 놀이를 통해 이루어지는 아동의 사고 과정은 후에 하게 되는 행동의 의미와 방향 설정에 영향을 줄 수 있다고 말합니다. 이처럼 인간이 유희적인 활동에 끌리는 것은 본능이며, 놀이는 유희에서 그치는 것이 아니라, 교육적 효과도 함께 수반한다는 것이 교육학자들의 의견입니다.

둘째, 저학년 신체활동은 아이들의 학교생활 적응에 긍정적인 영향을 주고, 삶을 살아가는데 필요한 기술을 자연스럽게 학습할 수 있도록 도움을 줍니다. 초등학교 저학년은 인생에서 한 번도 경험해보지 못한 학교라는 장소에서 지식을 습득하고, 공동체 생활을 익히며, 또래문화를 형성하기 시작하는 시기입니다. 학교라는 작은 사회에 노출된 학생들은 급격한 변화에 매우 혼란스럽고 불안한 마음을 가지게 됩니다. 따라서 학교는 아이들이 변화에 적응할 수 있도록 다양한 교육적 노력을 하는데, 특히 신체활동은 저학년 학생의 학교생활 적응에 효과적이라는 것이 다양한 연구를 통해 밝혀졌습니다. 아이들은 신체활동 중에 규칙을 지키고, 의사소통을 하며, 전략을 생각하는 과정에서 자연스럽게 담임교사, 친구, 학교 공부, 학교 규칙에 대해 적응해나가게 됩니다. 신체활동 과정에서 마음이 즐겁고, 정서적으로 안정되며, 스트레스를 해소하기 때문에 그 효과는 더 높아집니다. 그뿐만 아니라 저학년 신체활동은 성장·발육을 촉진하며 운동기능을 발전시키고, 사회성 발달, 정서 발달, 언어 발달, 인성 요소 함양 등 다양한 효과를 보여줍니다.

이처럼 아이들에게 교육적으로 중요한 저학년 신체활동이 교육과정에 녹아드는 변화가 시작되었습니다. 이러한 변화를 넘어서 이제는 학교의 변화, 수업의 변화, 교사의 변화를 통해 학생이 숨 쉬고 참여하는 수업을 만들어볼 때입니다.

2 이동수업을 위한 줄 세우기

질서 있게 줄을 세워 체육수업 장소로 나가는 것은 아주 사소하지만, 성공적인 체육수업을 만들기 위한 첫 단추라고 볼 수 있습니다. 처음에 세운 줄이 운동장에 나가서 서게 될 체조 대형이나 팀 나누기와도 밀접한 관계가 있기 때문입니다. 줄 세우기를 체조 대형, 팀 나누기와 연결 짓게 되면 저학년 학생도 쉽게 익힐 수 있고 시간도 절약할 수 있게 됩니다. 또, 야외는 시선이 분산되고 집중력이 떨어지기 때문에 실내에서 질서를 유지하여 실외까지 연결될 수 있도록 지도하는 것이 저학년 학생에게 적절합니다.

① 줄 세우기 방법

▨ 출석번호 순서대로 줄 세우기

입학과 동시에 출석번호를 부여받고 일 년 동안 충분히 연습하는 줄서기 방법이기 때문에 저학년 학생들도 쉽고 빠르게 줄을 설 수 있습니다. 이것은 교사와 학생 모두 본 활동을 위해 에너지를 비축할 수 있다는 것을 의미하기도 합니다. 특히 저학년 학생은 남녀의 신체활동 수행 능력 차이가 뚜렷하지 않기 때문에 남녀 번호가 나뉘어있거나 섞여 있어도 쉽게 사용할 수 있습니다. 그러나 출석번호가 체조 대형 혹은 팀까지도 이어지게 되면 항상 비슷한 친구와 팀이 되거나, 교사가 임의로 순서나 팀을 조정하기 까다롭다는 단점도 있습니다. 즉, 가장 안정적인 방법이지만 변화에 취약하다는 특징을 가지고 있습니다.

② 키 순서대로 줄 세우기

키가 작은 학생부터 큰 학생까지 차례로 줄을 서는 방법입니다. 출석번호 순서대로 줄을 세운 것보다 시야가 확보되기 때문에 교사의 통제가 수월하고 학생의 집중도도 높일 수 있습니다. 또한 〈키 순서대로 줄서기 = 신체활동 시간〉이라는 인식이 함께 수반되기 때문에 안전 및 질서 지도와 같은 신체활동 규칙을 강조할 수도 있습니다. 그러나 직관적으로 키를 비교하기 어려운 저학년 학생들에겐 다소 어려울 수 있고, 학기 초 시간 투자가 필요하며, 키에 스트레스가 있는 학생들에게 예민할 수 있다는 단점도 있습니다.

③ 신체활동 모둠대로 줄 세우기

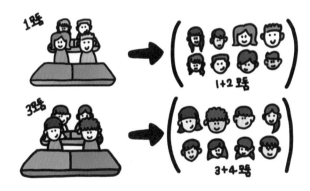

신체활동을 꾸준히 해보고자 하는 학급에 추천하는 방법입니다. 42쪽의 신체활동 팀 나누기 방법에 나오는 '신체활동 모둠'을 꾸려 같은 모둠과 함께 체육 줄을 서게 됩니다. 모둠을 꾸리기 위해 시간 투자가 필요하다는 단점이 있지만, 모둠별로 보상체계를 달리할 수 있으며, 소속감과 책임감, 배려 등의 인성 요소도 함께 지도하기 좋습니다. 또한 신체활동 모둠이 곧 팀이 되기 때문에, 밖에서 따로 팀을 나눌 필요가 없어 집중력이 높아질 수 있고, 학생 개개인의 능력치를 고려하여 모둠을 나눌 수 있어 팀 간의 균형을 맞출 수 있다는 장점도 있습니다.

3 질서 있는 신체활동 규칙 만들기

신체활동 시간 직전에는 준비할 것이 많아 교사도 정신이 없고, 아이들은 교실을 벗어나기 때문에 산만해집니다. 이런 상황은 안전사고와 연결되기 때문에 학기 초에 약속하는 신체활동 규칙이 필요합니다. 규칙을 만들었다면 학기 초에 충분한 시간을 투자하여 학생들이 익힐 수 있도록 반복해서 지도 및 연습하는 것이 좋습니다.

① 수업 전 규칙 만들기

1 빠르고 바르게 줄서기: 시간을 정해놓고 줄을 설 수 있도록 합니다.

☑ 수업 시작 5분 전에는 완벽히 줄서기

☑ 타이머를 활용하여 제한 시간 안에 줄서기

교사가 앞에서 손가락으로 10을 표시하여 집중해서 10초 안에 줄을 서는 등 시간 약속을 지키게 하는 것이 핵심입니다. 시간 약속을 지키지 않을 경우, 신체활동 시간이 줄어들 수 있음을 충분히 인지시키고, 학생들 스스로 약속을 지켜 바르게 줄을 설 수 있도록 기회를 제공하는 것이 좋습니다.

2 안전하고 빠르게 신발장 이용하기: 운동화로 갈아신어야 하는 경우 신발장으로 이동하여 신발을 갈아 신고 다시 줄을 설 수 있도록 지도합니다.

☑ 신발장은 예상치 못한 부상 위험 구역

학생 대부분은 신발장을 이용할 때 신발장 문을 열어놓고 신발을 갈아 신은 후 문을 닫습니다. 주위에 친구들이 없을 때는 문제가 되지 않지만, 단체로 신발장 이용 시에는 열린 신발장 문에 다칠 수 있습니다. 운동화로 갈아신어야 한다면, 신발장 문을 열어놓고 갈아신지 않도록 하며, 신발장 앞이 혼잡하므로 신발을 가져다 넓은 곳에서 신발을 갈아신고 다시 실내화를 집어넣을 수 있도록 지도합니다. 학부모님께는 끈으로 묶는 운동화 말고 밸크로 형식으로 떼었다 붙여 신는 운동화를 준비해줄 것을 미리 안내합니다.

② 집중 신호 만들기

호기심이 왕성한 저학년 학생에게 집중 신호는 매우 유용합니다. 신체활동 수업은 교실 수업과 달리 집중도가 현저히 떨어지게 되는데, 그럴 때마다 소리를 지르고 지적한다면 교사의 에너지는 빨리 방전될 뿐만 아니라 학생들을 통솔하는 데에도 한계가 발생합니다. 산만한 상황에서 유용하게 사용할 수 있는 집중 신호를 규칙으로 정하면 1년이 편안해질 수 있습니다. 넓은 공간에서 사용하는 집중 신호는 교사의 말은 최소화하고 소리나 몸짓을 통해 정확하게 전달되는 것이 좋습니다.

1 박수 이용하기

☑ 교사: 박수 3번 시작! 학생: 👏! 👏! 👏!

☑ 교사: 👏! 👏! 선생님을! 학생: 👏! 👏! 보세요!

☑ 교사: 👏! 👏! 얼음! 학생: (즉시 모든 행동을 멈추고 선생님을 쳐다본다)

 교사: (해야 하는 일을 설명한 후) 땡! 학생: (해야 하는 일을 한다)

2 호루라기 이용하기

☑ 교사: 🎵 - 🎵 - (손머리 하기) 학생: (손 머리하고 선생님을 쳐다본다)

☑ 교사: 🎵 - 🎵 - 🎵 - (두손을 아래로 내려 앉으라는 모션 취하기)

 학생: (제자리에 앉아 무릎 위에 손을 올린다)

4 체조 대형 만들기

① 맨손 체조 대형 만들기

교실 밖으로 나오면 아이들의 집중력이 흐트러지기 때문에 교실에서 선 줄대로 체조 대형을 만드는 것도 효율적인 방법이 될 수 있습니다.

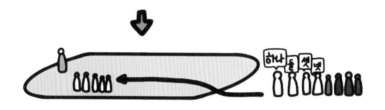

☑ 교사는 첫 번째 학생부터 교사가 의도한 학생까지 손을 들며 번호를 외치고, 가장 첫 번째 줄에 순서대로 서도록 합니다.

☑ 그다음 남은 학생들 역시 번호를 외치고, 첫 줄에 선 친구들 뒤에 가서 줄을 서도록 합니다.

☑ 마지막 학생까지 번호를 외치며 줄을 서다 보면 체조 대형이 완성됩니다.

☑ 학생들에게는 앞으로 1년간 지금 서 있는 체조 대형으로 서게 될 것이므로 자신의 앞, 뒤, 양옆 학생을 기억하라고 당부합니다.

☑ 이 방법은 교실에서 나올 때 선 줄이 체조 대형에도 영향을 미치기 때문에 미리 어떻게 줄을 세울지 생각해야 합니다.

맨손 체조 대형 만들기는 가장 기초적인 방법으로 별도의 준비물이 필요 없고 학생들이 이 방법에 익숙해졌다면 줄 세우는 순서만 바꿔도 새로운 체조 대형을 만들 수 있다는 장점이 있습니다. 하지만 체조 대형을 질서 있게 맞추기 위해서 '기준', '양팔 벌려 좌우로 나란히'와 같은 구령을 사용해야 해서 다소 어렵게 느껴지고 익히는 데 시간이 걸릴 수 있습니다.

② 원마커 체조 대형 만들기

저학년 학생에게는 교사가 일일이 설명하는 것보다 직관적으로 "이 자리가 네 자리야"를 표현해주는 것이 효과적일 수 있는데, 이때 원마커를 사용할 수 있습니다. 원마커를 사용하여 체조 대형을 만드는 세 가지 방법을 소개합니다.

☑ 교실에서 줄 선대로 원마커에 서기

☑ 무작위로 원마커 위에 서기

☑ 원마커를 활용한 준비운동을 하며 원마커 위에 서기

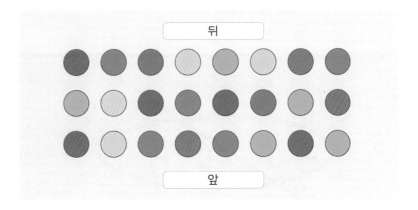

원마커를 이용하여 체조 대형을 만드는 것은 원마커를 준비하고 치우는 번거로움이 있지만 장점 또한 많습니다. 원마커의 간격, 개수를 교사의 의도대로 배치할 수 있으며 아이들이 쉽게 체조 대형을 만들 수 있고, 무엇보다 원마커의 색깔에 따라 팀을 나눌 수 있어 체조 대형과 팀 나누기를 한번에 해결할 수 있습니다. 원마커를 활용한 준비운동은 'Part Ⅱ. 교구별 신체활동 소개'에 원마커 활동 중 모두가 함께 할 수 있는 활동을 참고하면 좋습니다.

③ 라인 활용하여 체조 대형 만들기

운동장이나 체육관에 그려져 있는 라인을 활용하여 체조 대형을 만들 수 있습니다. 운동장에 축구장 라인이 그려져 있다면, 별도의 준비물 없이 센터서클에 모여 '양팔 간격 좌우로 나란히' 만으로 충분히 훌륭한 체조 대형을 만들 수 있습니다. 그밖에 농구장, 피구장, 배드민턴장 등 이미 바닥에 그려진 라인을 활용해도 좋습니다. 준비 시간과 준비물이 없어도 된다는 장점이 있지만, 간격을 일정하게 유지하기 어렵고, 팀 나누기나 줄을 서는 준비 활동과 연결 짓기 어렵다는 단점이 있습니다.

④ 신체활동 모둠대로 서기

17쪽에서 말한 신체활동 모둠을 활용하는 학급에서 사용할 수 있는 방법입니다. 신체활동 모둠대로 줄을 서서 신체활동 장소에 나왔다면, 아래 그림과 같이 모둠별 순서대로 체조 대형을 만듭니다.

'① 맨손 체조 대형 만들기'에서 설명한 방법대로 체조 대형을 만들어도 되지만, 숫자가 쓰여 있는 라바콘, 원마커 등을 옆에 세워 모둠 번호를 표시해 주면 훨씬 빠르고 효율적으로 체조 대형을 만들 수 있습니다.

5 신체활동을 더 쉽게 만들어주는 구령

전체적으로 무질서한 상황에서 구령을 쓰면 한 번에 질서를 바로잡을 수 있는 빠른 방법이 되기 때문에 익혀두는 것을 추천합니다. 모든 구령은 교사가 선창하면 학생은 "하나, 둘"을 외치며 집중하여 동작을 수행할 수 있도록 합니다.

① 차렷, 열중쉬어

차렷, 열중쉬어는 저학년 학생들도 이미 알고 있거나 쉽게 익힐 수 있는 동작입니다. 교사가 활동 규칙을 설명할 때와 같이 집중도가 요구되는 상황에서 차렷, 열중쉬어를 하면 손장난을 하지 못하기 때문에 효과적입니다.

② 앞으로 나란히

앞으로 두 팔을 뻗어 앞뒤 간격을 넓히는 동작입니다. 교사가 설명하거나 앞에서 시범을 보일 때와 같이 넓은 간격이 필요 없는 상황에서 효율적입니다. 줄을 서서 경기하는 경우나 친구들과 과도하게 접촉하고 있는 경우에도 사용할 수 있습니다.

③ 양팔 간격 좌우로 나란히(=양팔 간격으로 벌려)

가장 많이 사용하게 되는 구령으로 준비 및 정리운동 시 안전을 위해 사용하며, 신체활동 중에도 활용할 수 있습니다. 양팔을 좌우로 벌려 옆 친구와 손이 닿지 않을 정도로 간격을 벌리도록 합니다. 저학년은 좌향좌, 우향우가 어렵기 때문에 몸을 돌려 앞뒤 친구와도 양팔 간격을 벌리라고 하여 간격을 조정하는 것이 좋습니다.

④ 한팔 간격 좌우로 나란히(=한팔 간격으로 벌려)

'앞으로 나란히'와 비슷한 효과를 얻을 수 있으나, 앞뒤 간격이 아니라 옆 간격을 조정하는 동작입니다. 한쪽 팔만 들어 옆 친구와 닿지 않을 정도로 간격을 벌리라고 설명합니다. 저학년은 오른쪽, 왼쪽 개념을 어려워할 수 있으므로 교사가 오른팔, 왼팔 중에 하나만 골라 설명하는 것이 좋으며, 교사가 직접 뒤를 돌아 팔을 펼쳐서 시범 동작을 보여주는 것이 좋습니다.

⑤ (학생이름), 기준!

기준!

교사가 맨 앞 가운데에 있는 학생, 가장 끝에 있는 학생 등 한 명을 정하여 학생 이름을 부르고 "기준!"이라고 말합니다. 기준이 되는 학생은 한 손을 번쩍 들어 "기준!"이라고 후창하고, 교사는 '체조 대형으로 벌려'와 같이 원하는 구령을 외칩니다. 기준을 제외한 학생은 "하나, 둘"을 외치며 교사가 말한 동작을 수행합니다. 기준은 움직이지 않는 학생이며, 다른 학생들이 기준을 중심으로 앞, 뒤, 양옆으로 모였다 퍼졌다 하는 것이라고 안내하는 것이 중요합니다. 난이도가 있는 편이라 필요에 따라 적절히 변형하거나 충분히 연습하는 것을 추천합니다.

⑥ 체조 대형으로 벌려

매번 기준을 부르고 '양팔 간격 좌우로 나란히'와 같은 구령을 외치지 않고도 체조 대형을 만드는 방법입니다. '4 체조 대형 만들기'에서 소개한 다양한 방법 중에서 어떤 방식을 사용해도 좋습니다. 처음 체조 대형을 만들고 나서 "이렇게 서는 것이 체조 대형이다. 앞으로 선생님이 체조 대형으로 벌리라고 하면 이렇게 앞뒤 양옆 간격을 벌리고 서면 된다."라고 설명합니다. 무엇보다 중요한 것은 자주 연습해 보는 것입니다.

⑦ 좁은 간격으로 모여

경기 방법을 설명할 때, 시범을 보일 때와 같이 가까운 곳에서 듣거나 볼 때 활용하면 좋은 구령입니다. 체조 대형인 상황에서 설명하거나 시범을 보이면 전달력과 집중도가 떨

어져 원활한 수업 진행에 어려움을 느낄 수 있으므로 상황에 따라 적절히 사용하는 것을 추천합니다. 단, 좁은 간격으로 모일 뿐 친구와 몸을 맞대거나 장난을 치지 않도록 안내해 주는 것이 좋습니다.

⑧ 좌향좌, 우향우, 뒤로 돌아

저학년은 왼쪽, 오른쪽 개념을 어려워하기 때문에 뒤로 돌아를 제외하고 사용하지 않는 것을 추천합니다. 다만 방향 전환은 활동 중에 자주 필요한데, 이 경우 지형지물을 이용하는 것이 좋습니다. 예를 들어, "오른쪽에 있는 피아노 쪽으로 몸을 돌리자.", "왼쪽에 있는 의자 쪽으로 몸을 돌리자.", "뒤에 있는 문 쪽으로 몸을 돌리자."와 같은 방법이 효율적입니다.

6 준비운동

신체활동에서 준비운동은 선택이 아니라 필수입니다. 준비운동은 부상과 안전사고를 줄여주고, 본 활동 수행 능력을 올려줄 뿐만 아니라 그 자체로 훌륭한 활동이 될 수도 있습니다. 준비운동의 방법과 유형은 다양하므로 각 학급 실정에 맞는 방법을 선택하여 운영할 수 있습니다.

① 교사의 시범과 구령에 따라 준비운동 하기

신체활동에 익숙하지 않은 아이들도 쉽게 따라 할 수 있는 방법입니다. 교사가 "손목, 발목 돌리기 시작. 하나둘 셋 넷 다섯 여섯 일고여덟."과 같은 구령과 함께 시범을 보이면, 학생은 시범을 따라 몸을 풉니다. 이어 "둘둘 셋 넷 다섯 여섯 일고여덟." 하면서 교사는 반대편 신체나 반대 방향으로 시범을 보이는데, 학생들이 방향을 확인할 수 있도록 의도적으로 반대로 동작하거나, 뒤돌아 시범을 보이는 것이 좋습니다.

준비운동 순서는 심장에서 먼 곳부터 차근차근 풀어주는 것이 좋은데, 일반적으로 손목, 발목 – 무릎 – 다리 – 허리 – 어깨 – 목 – 전신 순서로 준비운동을 합니다. 부위별 준비운동법은 다양하므로 교사만의 준비운동 루틴을 만들어도 좋고, 본 활동에 따라 가감할 수도 있습니다.

1 손목, 발목 준비운동

▲ 손목, 발목 돌리기　　　　▲ 손목 비틀어 올렸다 내리기

▲ 발목 앞뒤 양옆으로 꺾어 늘려주기

② 무릎 준비운동

▲ 무릎 돌리기   ▲ 앉았다 일어나기

③ 다리 준비운동

▲ 무릎 길게 벌려 누르기   ▲ 앞뒤 허벅지 늘이기

◀ 다리 벌리고 허리 꼬기

4 허리 준비운동

▲ 허리 돌리기   ▲ 옆구리 늘이기   ▲ 몸 젖히고 굽히기(등배운동)

5 어깨 준비운동

▲ 머리 위로 어깨 펴기   ▲ 머리 뒤로 어깨 당기기   ▲ 옆으로 어깨 늘이기   ▲ 어깨 돌리기

6 목 준비운동

▲ 목 옆으로 당기기   ▲ 손으로 턱 밀어올리기   ▲ 손으로 뒷머리 누르기   ▲ 목 돌리기

7 전신 준비운동

▲ 팔 벌려 뛰기

◀ 제자리 뛰기

② 신체활동 이끔이의 시범과 구령에 따라 준비운동 하기

신체활동이 익숙해졌다면 신체활동 이끔이를 선정하여 이끔이의 시범과 구령에 맞춰 준비운동을 하도록 하는 것도 좋습니다. 교사가 준비운동 루틴을 모든 아이들에게 미리 알려준 후, 이끔이에게 이를 정확하게 기억하고 따라하도록 지도합니다. 이끔이가 준비운동을 모두 숙지했다면, 교사 대신 이끔이가 앞에 서서 시범과 구령을 붙이며 준비운동을 합니다.

저학년 학생이 잘 해낼 수 있을지 걱정이라면 이끔이에게 책임감을 심어주고 명예를 주는 과정이 드러나면 좋습니다. 이와 같은 과정은 이끔이에게 좋은 영향을 줄 뿐만 아니라 모델링 효과로 다른 학생들에게도 긍정적인 영향을 미칠 수 있습니다. 또 이끔이는 준비운동뿐만 아니라 줄 세우기, 체조 대형 만들기, 준비물 설치 및 정리에서도 교사에게 큰 도움이 될 수 있으므로 운영해보는 것을 추천합니다.

③ 음악에 맞춰 준비운동 하기

음악에 맞춰 준비운동을 하면 수업 몰입도와 운동 경험 만족도가 향상된다는 연구 결과가 있습니다. 익히기까지는 노력과 시간이 필요해 진입장벽이 높은 편이지만 익히고 나면 학생의 집중도를 높여주고, 즐겁게 신체활동을 시작할 수 있습니다. 음악에 맞춘 준비운동은 교사의 창작이 가능하며, 창작이 부담스럽다면 '스파크 댄스'나 다양한 동요에 맞춰 제작된 체조를 활용해도 좋습니다. 또 처음부터 밖에 나가서 연습하기보다 교실에서부터 차근차근 연습하는 것도 좋습니다.

7 다양한 교구 준비하기

뉴스포츠의 발전과 훌륭한 교사들의 노력으로 체육 교구는 눈에 띄게 발전하고 다양해졌습니다. 다양하고 재미있는 새로운 교구들을 적극적으로 소개하면 좋겠지만 본 책은 저학년의 특성을 고려하여 '뻔한 10가지 교구로 만드는 Fun한 100가지 신체활동'을 소개하려고 합니다. 10가지 교구는 첫째, 어느 학교에서도 찾을 수 있는 교구일 것, 둘째, 일반적으로 수량이 충분한 교구일 것, 셋째, 저학년을 위한 안전성과 난이도가 적절한 교구일 것, 넷째, 교사의 준비 시간과 비용을 최소화하는 교구일 것을 중점으로 생각하여 선정하였습니다.

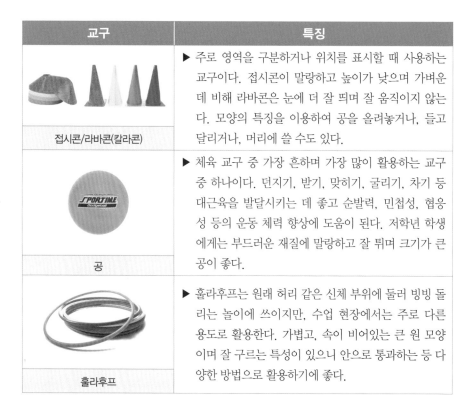

교구	특징
접시콘/라바콘(칼라콘)	▶ 주로 영역을 구분하거나 위치를 표시할 때 사용하는 교구이다. 접시콘이 말랑하고 높이가 낮으며 가벼운 데 비해 라바콘은 눈에 더 잘 띄며 잘 움직이지 않는다. 모양의 특징을 이용하여 공을 올려놓거나, 들고 달리거나, 머리에 쓸 수도 있다.
공	▶ 체육 교구 중 가장 흔하며 가장 많이 활용하는 교구 중 하나이다. 던지기, 받기, 맞히기, 굴리기, 차기 등 대근육을 발달시키는 데 좋고 순발력, 민첩성, 협응성 등의 운동 체력 향상에 도움이 된다. 저학년 학생에게는 부드러운 재질에 말랑하고 잘 튀며 크기가 큰 공이 좋다.
훌라후프	▶ 훌라후프는 원래 허리 같은 신체 부위에 둘러 빙빙 돌리는 놀이에 쓰이지만, 수업 현장에서는 주로 다른 용도로 활용한다. 가볍고, 속이 비어있는 큰 원 모양이며 잘 구르는 특성이 있으니 안으로 통과하는 등 다양한 방법으로 활용하기에 좋다.

 팀조끼	▶ 팀조끼는 주로 팀을 분류할 때 활용한다. 눈에 띄는 색으로 구성되어 있어 활동 중 팀을 구분하기 쉽고 소속감을 느낄 수 있다. 색깔이 다양하여 팀 구분 말고도 다양한 색깔 이용 활동에 사용할 수 있다. 스카프보다 무겁지만, 스카프가 없는 학교에서는 팀조끼를 대신 활용할 수도 있다.
 콩주머니	▶ 콩주머니는 크기가 작아 저학년 학생들도 쉽게 움켜질 수 있어 던지기, 줍기, 옮기기 등의 활동에 사용하기 좋다. 요즘에는 빈백이라고도 부르며, 기존의 콩주머니보다 더 견고하고 색깔이 다양하며 숫자가 쓰여 있기도 하여 저학년 신체활동에 자주 사용하는 교구이다.
 스카프	▶ 소개하는 10가지 교구 중 가장 가벼운 소재로 이루어져 있는 스카프는 무게가 가벼워 부상의 위험이 적으므로 던졌다 받기, 저글링 등의 활동에 주로 사용한다. 그래서 신체활동이 익숙하지 않은 저학년 학생에게 교구에 대한 두려움을 없애기 위한 활동으로 적합하다. 또한 꼬리 잡기, 스카프를 활용하여 표현하기 등 다양한 신체활동에 활용하기 쉽다.
 원마커	▶ 활동 중 서 있어야 할 위치를 표시하거나, 경기장 구역을 나누기 위해 주로 사용하는 원마커는 경기장 모양을 표현하기 까다로운 실내에서도 쉽게 활용할 수 있으며 다양한 대형을 표시하기에도 좋다. 색깔이 다양하고, 숫자가 쓰여있는 것도 있어 활용도가 다채로운 교구 중 하나이다.
 맨몸	▶ 피아제의 인지발달이론 상 구체적 조작기에 해당하는 저학년 학생은 몸이 감각으로 수행하여 알게 된 것을 머리로 생각할 수 있는 단계이다. 따라서 자신의 맨몸을 활용하여 다양한 활동에 참여하면서 움직임을 인지하는 경험은 발달단계 특성상 적절하며 필요한 활동이다.

스피드 스택스	▶ 스택스 컵을 활용하여 3-3-3/ 3-6-3/ 싸이클 등 다양한 협응 활동이 가능하며 그 밖에도 컵을 이용한 다양한 신체활동으로 활용할 수 있다. 컵의 색깔을 이용할 수도 있고, 컵 안에 물건 넣기, 컵 굴리기, 뒤집기, 쌓기 등 다양하게 응용 가능하며 협동 학습도 가능하다.
플레이 스틱	▶ 플레이 스틱은 말랑말랑한 스펀지 재질로 롱 스틱과 숏 스틱, 그 사이를 연결해 주는 커넥터 등이 있다. 길고 가볍고 말랑한 특성을 이용하여 태그하기, 세우기, 주고받기, 중심 잡기 등 다양한 활동을 구성할 수 있다. 플레이 스틱을 활용한 활동을 통해 균형감각, 협응력, 창의력 등을 기를 수 있다.

이렇게 다양한 교구로 신체활동을 하려면 수업 전 교구를 꺼내고, 활동을 위해 적절하게 배치하는 준비과정이 필요합니다. 하지만 짧은 쉬는 시간 동안 학생들을 줄 세우고 인솔하며, 교구를 꺼내 배치하는 준비과정에 어려움을 느끼는 교사가 많다는 것을 알고 있습니다. 이 때문에 신체활동을 포기하지 않도록 교구를 준비하는 몇 가지 방법을 소개하니 학교 현장 상황에 맞게 활용한다면 조금은 수월해질 수 있을 것입니다.

☑ 스포츠강사와 협력 수업을 통해 준비물 배치를 도움받는 방법

신체활동 수업 전 스포츠강사에게 활동 내용을 설명하고 준비물 배치를 도움받습니다. 이 방법은 담임교사는 학생 인솔에 집중할 수 있으며, 활동 전 미리 교구가 배치되어 있어 수업 몰입도가 좋습니다. 학교 실정에 따라 협력 수업이 불가능할 수 있으므로 미리 확인해 보는 것이 좋습니다.

☑ 수업 전에 교사가 직접 신체활동 장소에 준비물을 배치하는 방법

수업 전 쉬는 시간이나 자투리 시간을 활용하여 교사가 직접 준비물을 배치합니다. 본인이 구상한 수업이니 꼼꼼하게 준비할 수 있다는 장점이 있지만, 짧은 쉬는 시간에 준비물 배치와 학생 인솔까지 어려움을 느낄 수도 있습니다.

☑ 수업 중에 교사가 준비물을 배치하는 방법

본 활동에 들어가기 전 체조 대형을 만들고 준비운동을 하는 시간에 교사가 준비물을 배치합니다. 신체활동 이끔이가 있거나 학생들이 음악에 맞춰 스스로 준비운동을 할 수 있다면 그 시간 동안 빠르게 교구를 배치하는 것입니다. 이럴 때는 전날 아이들이 하교한 후 다음날 쓸 교구를 미리 교실에 준비해뒀다가 신체활동 장소로 이동 시 들고 가서 배치하면 학생들에게서 시선을 떼지 않아도 되어 좋습니다. 신체활동에 익숙한 학급에서 활용하기 좋은 방법입니다.

☑ 학생들이 직접 교구를 배치한 후 바로 활동에 들어가는 방법

학생들에게 활동 내용을 설명해 주고 학생들이 직접 교구를 배치하게 합니다. 교구 배치가 간단하거나 단순한 패턴일 때 활용하기 좋습니다. "큰 원을 만들어서 양팔 간격 좌우로 나란히 하고, 자신의 앞에 원마커를 놓으세요."와 같이 원형 경기장을 만들 수도 있고, "체조 대형에서 가장 끝부분에 선 친구들이 자신의 앞에 접시콘을 놓으세요."와 같이 사각형 경기장을 만들 수도 있습니다. 정교함이 떨어지거나 본 활동 시간이 줄어들 수 있지만, 함께하니 교사 혼자 준비하는 것보다 시간이 절약되며 학생들에게서 시선을 떼지 않아도 된다는 장점이 있습니다.

8 팀 나누기

본격적인 신체활동을 하기 전에 가장 먼저 하는 것은 활동 규칙 소개 및 팀 나누기 입니다. 팀을 나누는 이유는 경쟁을 위한 것도 있지만, 활동 장소나 활동 순서를 나누기 위해 활용하기도 합니다. 팀을 나누는 방법을 미리 고려하지 않으면 다양한 문제가 발생할 수 있습니다. 예를 들어 교사가 임의로 팀을 구성하면 아이들은 어느 순간 팀에 불만을 느끼며, 어느 팀이 유리하고 불리한지 파악하거나, 친한 친구랑 함께 팀을 하려고 하는 등 수업을 원만하게 진행하기 어려워집니다. 또한 저학년 학생이 이해하기 어려운 팀 나누기 방법을 사용하면 팀 나누는 데 시간을 많이 소진하기도 합니다. 지금부터 소개하는 저학년 맞춤 팀 나누기 방법을 보고 학급 상황과 경기 방법에 따라 적절히 선택하여 활용해보시기 바랍니다.

☑ 제비뽑기로 팀 나누기

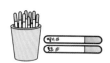

1. 뽑기 방식 설명하기(두 팀으로 나누기, 세 팀으로 나누기 등)
2. 뽑기 통에서 제비뽑기
3. 뽑힌 방식대로 팀 분류하기
→ 가장 간단하고 쉽게 팀을 나누는 방법이다. 교실에서 미리 뽑기를 하고 체육관(운동장)으로 이동하거나, 뽑기 통을 직접 신체활동 장소에 가져가서 진행할 수도 있다. 저학년의 경우 '딸기', '포도'와 같이 쉬운 팀명을 지어주고 본인의 팀을 잘 기억하도록 안내한다.

☑ 가위바위보로 팀 나누기

1. 신체 능력이 비슷한 친구를 찾아 '가위바위보' 하기
2-1. (두 명이 할 때)이긴 팀, 진 팀으로 팀 분류하기
2-2. (세 명이 할 때)가위 팀, 바위 팀, 보 팀으로 팀 분류하기
→ 두 팀이나 세 팀으로 나누기 쉬운 방법으로, 학생 간의 격차가 심하지 않도록 교사가 운동 능력이 비슷한 학생끼리 '가위바위보'를 할 수 있도록 안내하는 것도 좋은 방법이다.

☑ 체조 대형대로 팀 나누기

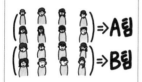

1. 활동 규칙 설명하기
2. 체조 대형 그대로 팀 나누기
→ 체조 대형에서 반으로 나누면 두 팀으로 나눌 수 있고, 횡대 혹은 종대에 따라 팀을 나누면 4팀, 6팀으로도 나눌 수 있다. 가장 빠르게 팀을 나눌 수 있지만, 팀 선택에 있어 학생의 개입이 적기 때문에 불만을 느낄 수 있다. 따라서 교사는 학생의 신체 능력도 고려해야 하며, 다양한 방법의 팀 나누기도 병행하는 것이 좋다.

☑ 색깔로 팀 나누기

1. 노래에 맞춰 돌아다니다 노래가 끝나면 원마커에 서기
2. 색깔 혹은 숫자에 따라 팀 분류하기
→ 음악과 함께 신나는 분위기로 팀을 나누는 방법이다. 준비한 색깔의 수만큼 팀이 나뉘며, 원마커가 아니더라도 콩주머니, 팀조끼, 접시콘 등을 활용할 수 있다.

☑ 간단한 신체활동으로 팀 나누기

1. '둥글게 둥글게' 음악에 맞춰 ▢명! 모이기 놀이
2. 알, 병아리, 닭 게임으로 팀 나누기(282쪽 참고)
3. 흰자, 노른자, 계란 게임으로 팀 나누기(280쪽 참고)

→ 간단한 신체활동을 통해 팀을 나누는 방법이다. 팀 나누기이자 워밍업 활동이 될 수 있으며, 팀 나누기에 아이들이 직접 개입하였기 때문에 즐거운 마음으로 팀을 받아들이게 된다. 무작위로 팀이 결정되는 것처럼 보이지만 교사는 항상 학생 개인의 신체활동 능력을 고려하여 운영하여야 한다.

☑ 신체활동 모둠 활용하여 팀 나누기

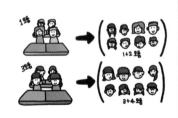

1. 교실에서 1년 동안 함께 할 신체활동 모둠 만들기
2. 미리 나눈 신체활동 모둠별로 팀 구성하기

→ 신체활동 모둠을 운영하는 학급에서 활용할 수 있으며 팀을 나누는 데 가장 시간이 적게 드는 방법이다. 2~3모둠을 엮어 두 팀 혹은 세 팀을 만들 수도 있고, 각 모둠의 n번(또는 '이끔이'와 같은 역할) 학생끼리 모여 새로운 팀을 꾸릴 수도 있다. 모둠원끼리 협동이 필요하거나, 기능 연습이 필요한 활동을 할 때 활용하면 좋다.

☑ 공통점 찾아 팀 나누기

1. 공통점 찾기 활동하기
2. 팀 분류하기
→ 신중하게 고를 만한, 신나는 선택지를 여러 가지 준비하여 학생들이 선택할 수 있도록 한다. 팀원 수가 비슷해지면 해당 선택지를 고른 학생들이 팀이 되는 것이다. 활동에 대한 흥미를 유발할 수 있을 뿐만 아니라 수월하게 팀을 분류할 수 있다. 단, 친한 친구끼리만 같은 선택을 하려는 학생들에 대한 지도가 함께 이루어져야 한다.

☑ 출석번호 활용하기

1. 활동 규칙 설명하기
2. 출석부 번호를 활용하여 팀 분류하기
→ '홀수 번호, 짝수 번호', '번호 순서대로' 등 출석부 번호를 활용하여 다양하게 팀을 분류할 수 있다. 빠르게 팀을 나눠야 할 때 유용하다.

1 지나치게 승패에 연연하는 학생 지도하기

사람이라면 누구나 승부욕을 느낍니다. 이기면 신나고, 지면 속상한 것은 매우 본능적이고 자연스러운 현상이지만 인간은 사회적인 동물이기 때문에 그 감정을 누르고 이성적으로 생각하려 노력할 뿐입니다. 그러나 저학년 학생은 사회적 경험이 적기 때문에 이기고 지는 것에 깊게 몰두하여 눈물을 터뜨리거나 분노를 표출하는 일이 많습니다. 그러다 보니 속상한 학생을 달래고 사건을 중재하기가 쉽지 않아 신체활동에 어려움을 느끼는 교사도 많을 것입니다. 그렇다고 줄넘기와 같은 개인 체력 운동이나 승부가 나지 않는 협동 놀이만 경험하게 하는 것이 해답이 될 수는 없습니다.

승부에 대한 집착 때문에 수업 분위기가 흐려지는 것이 싫다면 활동 전에 미리 아이들과 충분히 대화를 나누고 약속하는 것이 중요합니다.

① 신체활동 수업 전 약속하기

신체활동 수업 전에 이기고 지는 것보다 중요한 가치는 최선을 다하는 것임을 이야기 나눕니다. 이겼을 때 기분 좋은 감정은 잠깐이지만, 친구들과 함께 신체활동을 하며 즐거웠던 기억은 평생 가는 것임을 강조하며, 선생님은 경기에서 이기는 친구보다 최선을 다하는 친구가 더 멋져 보인다는 이야기도 함께 하면 좋습니다. 활동 직전에 아래와 같이 아이들과 함께 선서하거나 다짐을 외치는 것도 좋습니다.

☑ 교사: "이기고 지는 것에 집중하기보다"

☑ 학생: "최선을 다하겠습니다"

② 놀이의 고수(정유진 선생님)

인정받고 칭찬받기 좋아하는 저학년 학생에게 '고수'라고 인정해 주는 것은 엄청난 보상입니다. 다음은 정유진 선생님이 콜버그의 도덕성 발달이론을 바탕으로 만든 놀이의 고수 6단계입니다. 신체활동 전 놀이의 고수 6단계를 설명하고, 누가 우리 반에서 가장 놀이의 고수인지 선생님이 찾아보겠다고 하는 것만으로도 아주 효과적입니다.

수준	단계		특징
놀이의 하수	1단계(초하수)	무기력	"나 안 할래.", "재미없어.", "나 공 맞혀 줘." 열심히 안 하고 억지로 하는 사람. 대충하는 무기력한 사람
	2단계(하수)	승부욕	"내가 이겨야만 해!", "너 때문에 졌잖아!" 무조건 이기는 게 중요한 사람. 규칙을 잘 지키지 않고 우기는 사람.
놀이의 중수	3단계(중수)	규칙	팀을 위해 열심히 하는 사람. 규칙을 지키면서 활동하는 사람.
	4단계(고수)	즐기기	"너무 재미있어!" 이기고 지는 것을 떠나 규칙을 지키면서 놀이 자체를 즐기는 사람.

	5단계(초고수)	배려	"괜찮아, 파이팅!", "잘했어, 내가 도와줄까?", "내가 패스해 줄게!" 잘 못하는 친구에게도 기회를 주고 격려하고 함께 기뻐하는 사람.
놀이의 고수	6단계(신)	창조	기존의 놀이를 바꿔보거나 새로운 놀이를 만들어내는 사람.

③ 공감하고 대화하기

저학년 학생이라도 승리와 패배의 경험이 한 번쯤은 있으므로 상대 팀의 감정에 공감할 수 있습니다. 승자는 기쁜 감정은 같은 팀과 나누어 두 배로 키우고, 져서 속상한 팀을 위로할 수 있어야 합니다. 패자는 승부와 관계없이 최선을 다한 자신에게 박수를 보내며, 남 탓하지 않고 승자를 진심으로 축하해 줄 수 있어야 합니다. 승자와 패자가 서로 나눌 수 있는 공감 대화를 발표해 보고 경기 후에 직접 대화할 수 있는 시간을 주는 것을 추천합니다.

☑ 승자 → 승자: "패스해 줘서 고마워", "네 덕분에 오늘 놀이가 즐거웠어", "다음에 또 같은 팀 하면 좋겠다"

☑ 승자 → 패자: "아까 너무 잘하더라", "덕분에 멋진 경기했어"

☑ 패자 → 승자: "잘했어", "축하해"

☑ 패자 → 패자: "우리도 최선을 다했어", "이길 때도 있고 질 때도 있는 거지. 괜찮아"

또한 경기 후에 승패와 관계없이 최선을 다한 모두에게 박수를 치고 마무리하며, 승자가 기쁜 마음으로 교구를 정리하도록 하는 것도 좋은 방법입니다.

2 다친 학생이 생길 경우 대처 방법

신체활동 중 예측하지 못한 부상은 언제든 발생할 수 있습니다. 다치지 않도록 조심히 활동할 것, 무리하지 않을 것을 당부하고 준비운동을 철저히 하여 부상이 발생하지 않도록 하는 것이 1순위이고, 2순위는 부상자가 발생할 경우 현명하게 대처하는 것입니다.

① 활동을 중단하고 부상 정도 파악하기

부상이 발생한 즉시 활동을 중단시키고 부상 정도를 파악합니다. 상황에 따라 학급 전체가 활동을 중단할 수도 있고, 활동 중이었던 모둠만 중단할 수도 있고, 부상 학생만 잠시 중단할 수도 있습니다. 이때, 주변 학생들은 몰려들지 않고 계속 활동하거나 앉아서 대기하도록 안내합니다.

부상 정도를 확인했다면 부상 학생을 잠시 앉아 쉬게 할 것인지, 수업이 끝난 후 보건실로 보낼 것인지, 바로 보건실로 보낼 것인지, 보건 선생님을 모시고 와야 할지 결정합니다. 가벼운 부상이라면 잠시 회복할 수 있는 시간을 제공하고, 부상의 정도가 심해 보이거나 학생이 쉽게 진정하지 못할 때는 넘겨짚지 말고 세심하게 확인해 보는 것이 중요합니다.

② 부상 원인 파악하고 갈등 해결하기

저학년 학생은 의욕이 앞서거나, 신체 제어가 서툴러서 친구를 실수로 다치게 하는 일이 발생할 수 있습니다. 부상이 가볍다면 다치게 한 친구와 다친 친구가 즉시 만나도록 하여 실수에 대한 사과와 충분한 대화를 통하여 상황을 해결한 후 다시 활동에 참여하는 것이 좋습니다.

③ 보호자에게 연락하기

교사의 노력과 통제에도 불구하고 예기치 않은 사고가 발생할 수도 있습니다. 학생이 크게 다쳐 보건실 치료로 해결이 되지 않을 때는 보호자에게 연락한 후 바로 병원 진료를 받을 수 있도록 조치를 취해야합니다. 학생이 느끼는 상황과 교사가 바라본 상황이 다를 수 있으므로 미리 객관적인 상황설명을 하는 것이 갈등 발생을 줄이는 데 도움이 됩니다.

④ 학교안전공제회 신청하기

교육활동 중 발생한 안전사고는 학교안전공제회에서 보상받을 수 있습니다. 신체활동 수업 중에 발생한 안전사고로 인해 병원 치료가 필요하다면 이른 시일 내에 보호자에게 연락하여 학교 안전사고보상 공제 절차를 설명하고 보상 여부를 확인해 보는 것이 좋습니다. 학교 안전 공제 절차는 다음과 같습니다.

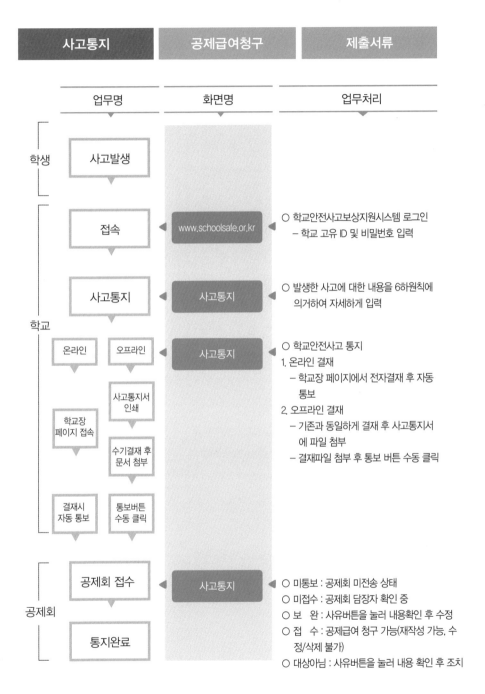

| 사고통지 | 공제급여청구 | 제출서류 |

| 업무명 | 화면명 | 업무처리 |

학생

사고발생

학교

접속 ◄ www.schoolsafe.or.kr ○ 학교안전사고보상지원시스템 로그인
– 학교 고유 ID 및 비밀번호 입력

사고통지 ◄ 사고통지 ○ 발생한 사고에 대한 내용을 6하원칙에
의거하여 자세하게 입력

온라인　오프라인 ◄ 사고통지 ○ 학교안전사고 통지
1. 온라인 결재
　– 학교장 페이지에서 전자결재 후 자동
　　통보
2. 오프라인 결재
　– 기존과 동일하게 결재 후 사고통지서
　　에 파일 첨부
　– 결재파일 첨부 후 통보 버튼 수동 클릭

사고통지서 인쇄

학교장 페이지 접속

수기결재 후 문서 첨부

결재시 자동 통보　통보버튼 수동 클릭

공제회

공제회 접수 ◄ 사고통지 ◄ ○ 미통보 : 공제회 미전송 상태
○ 미접수 : 공제회 담당자 확인 중
○ 보　완 : 사유버튼을 눌러 내용확인 후 수정
○ 접　수 : 공제급여 청구 가능(재작성 가능, 수
　　　　　정/삭제 불가)
○ 대상아님 : 사유버튼을 눌러 내용 확인 후 조치

통지완료

사고통지	공제급여청구	제출서류

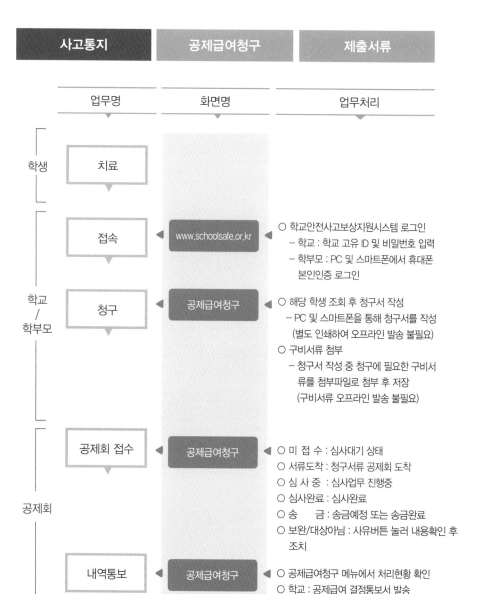

업무명	화면명	업무처리

학생

치료

학교 / 학부모

접속 ◄ www.schoolsafe.or.kr ◄ ○ 학교안전사고보상지원시스템 로그인
- 학교 : 학교 고유 ID 및 비밀번호 입력
- 학부모 : PC 및 스마트폰에서 휴대폰 본인인증 로그인

청구 ◄ 공제급여청구 ◄ ○ 해당 학생 조회 후 청구서 작성
- PC 및 스마트폰을 통해 청구서를 작성 (별도 인쇄하여 오프라인 발송 불필요)
○ 구비서류 첨부
- 청구서 작성 중 청구에 필요한 구비서류를 첨부파일로 첨부 후 저장 (구비서류 오프라인 발송 불필요)

공제회

공제회 접수 ◄ 공제급여청구 ◄ ○ 미 접 수 : 심사대기 상태
○ 서류도착 : 청구서류 공제회 도착
○ 심 사 중 : 심사업무 진행중
○ 심사완료 : 심사완료
○ 송   금 : 송금예정 또는 송금완료
○ 보완/대상아님 : 사유버튼 눌러 내용확인 후 조치

내역통보 ◄ 공제급여청구 ◄ ○ 공제급여청구 메뉴에서 처리현황 확인
○ 학교 : 공제급여 결정통보서 발송
○ 학부모 : 알림톡 또는 SMS 통보

3 활동 규칙을 계속 어기는 학생 지도 방법

저학년 학생을 대상으로 하는 신체활동에서는 규칙을 어기는 학생이 빈번하게 등장합니다. 그 이유는 다양하지만, 규칙에 대한 이해 부족이나 이기기 위해 마음이 급해져 반칙하는 경우가 대부분입니다. 활동 규칙을 계속 어기는 학생이 있다면 그 이유가 무엇인지 파악하고 지도하는 것이 좋습니다.

① 활동 전 규칙 확인하기

☑ 활동 전, 규칙 이해도 확인하기

– 규칙을 설명하고 난 후에는 꼭 아이들 입으로 규칙을 다시 말하게끔 하는 발문이 필요합니다.

> 교사: 선생님이 술래인데 ㅇㅇ이를 잡았어요. ㅇㅇ이는 어떻게 되나요?
> 학생: 술래가 돼요.
> 교사: 선생님이 술래인데 ㅇㅇ이가 도망치다가 경기장 선을 넘어갔어요.
> ㅇㅇ이는 어떻게 되나요?
> 학생: 술래가 돼요.

☑ 신체활동 이끔이가 시범을 보이기

– 교사가 전체 학생에게 규칙을 설명하고 난 후 신체활동 이끔이에게 시범 경기를 보이도록 합니다. 시범을 함께 보고, 이끔이가 이해하지 못한 부분이 있다면 다른 학생도 이해하지 못했을 가능성이 크니 다시 한번 설명해 줍니

다. 또 시범에서 이끔이가 반칙을 한다면 교사가 예측하지 못한 부분일 수 있으니 다시 한번 짚어주는 것이 좋습니다.

② 경기 중 규칙 어긴 학생 타임아웃 하기

타임아웃이란 해당 학생을 잠시 활동에서 배제한 후 생각할 시간을 주거나 교사와 면담하는 방법입니다. 규칙을 이해했음에도 불구하고 이기고 싶은 마음이나 다른 개인적인 이유로 일부러 규칙을 어긴 학생에게 적용할 수 있습니다. 타임아웃의 목적은 학생이 본인의 잘못을 깨닫고 교정하는 것이기 때문에 징계나 벌을 주는 방식으로 접근하는 것은 좋지 않습니다.

☑ 규칙을 어기는 학생을 발견하면 교사는 타임아웃을 하기 전에 학생이 자기 잘못을 인지하도록 안내해줍니다.

– 교사: ○○아, 방금 선을 넘은 건 반칙이야. 알고 있었니?

☑ 그 후에도 규칙을 어긴다면 잠시 불러서 경고를 한번 주는 것이 좋습니다.

– 교사: ○○아, 아까도 규칙을 어겼는데 또 규칙을 어겼구나. 학교에서 규칙을 지키듯이 경기 중에도 규칙을 지켜야 해. 또다시 규칙을 어기면 그땐 활동을 할 수 없어.

☑ 경고 후에도 규칙을 어긴다면 해당 학생은 타임아웃을 합니다.

타임아웃 중에는 가만히 친구들의 경기를 지켜보는 것이 아니라 규칙에 대해 생각하고, 모두가 규칙을 어기면 어떨지 생각해 보도록 시간을 줍니다. 타임아웃 시간은 교사의 재량이지만 본인의 잘못을 충분히 인지하고 뉘우친다면 다시 활동에 참여시키는 것이 좋습니다.

4 술래만 하고 싶어 하는 학생 지도하기

신체활동에서 술래는 주목받는 역할입니다. 저학년 학생들은 주목받기를 좋아하는 경우가 많아 친구들과는 다른 역할인 술래를 하고 싶어 하는 경우가 많습니다. 평소 반에서 표현을 잘 하지 않던 학생들도 신체활동 때는 적극적으로 참여하거나 술래 역할을 원하기도 하고, 술래가 되고 싶어 일부러 술래 근처를 맴도는 학생들도 있습니다. 이는 경기의 박진감과 흥미를 떨어뜨리고 학생 간의 갈등을 유발할 수도 있으므로 적절히 조치하는 것을 추천합니다.

① 술래를 자주 바꾸기

가장 좋은 방법은 술래를 자주 바꿔주면서 모두에게 술래의 기회를 주는 것입니다. 저학년 학생이 참여하는 신체활동은 규칙이 어렵지 않고 대부분 활동 시간이 짧으므로 활동이 끝날 때마다 술래를 바꿔주는 것이 좋습니다. 하지만 이 경우도 술래를 하고 난 이후 술래를 다시 못한다는 생각에 학생의 흥미도가 떨어질 수 있으므로 교사는 술래를 피해 살아남는 것이 즐거운 일이 될 수 있도록 여러 장치를 설치하는 것이 좋습니다. 혹시 시간 안에 술래를 못 해본 학생이 있다면 다음 시간에는 먼저 술래를 하게 할 수도 있습니다. 또는 활동을 할 수 있는 경기장을 여러 개를 구성하거나 술래의 수를 여러 명으로 한다면 더 많은 술래의 기회가 찾아올 수 있습니다.

② 학생 손으로 직접 술래 뽑기

술래를 추첨하는 방법은 제비뽑기, 번호 뽑기, 룰렛 돌리기 등 다양합니다. 교사가 주도적으로 술래를 정하는 것보다 학생들이 직접 제비를 뽑거나 지정된 번호가 술래를 하는 것으로 약속해 번호를 뽑는 등 자신이 직접 술래를 뽑는 데 참가한다면 아이들의 흥미 유발에 도움이 됩니다. 또 활동을 열심히 한 친구에게 술래 추첨의 기회를 준다면 술래를 하는 것만큼 특별한 경험이 될 수 있습니다. 이런 방법을 활용한다면 학생들이 술래를 하지 않더라도 활동에 열심히 참여할 수 있는 계기가 될 수 있습니다.

③ 술래가 아닌 다른 역할에 매력 부여하기

술래가 특별하고 재밌어 보여서, 혹은 관심받고 싶어서 술래를 고집하는 학생들에게 효과적인 방법입니다. 술래가 아닌 다른 역할도 충분히 매력있고 재미있는 역할이라는 것을 인지한다면 맡은 역할에 최선을 다하게 됩니다. 특히 저학년은 교사의 간단한 피드백만으로도 관심사가 쉽게 옮겨질 수 있습니다.

☑ 교사: 이야, ㅇㅇ이는 술래를 피하는 움직임이 대단한데? 어떤 술래가 와도 피하겠어!

☑ 교사: 술래가 몰려온다! 우리 도망팀 끝까지 살아남아 보자. 하나, 둘, 셋 하면 파이팅 외치는거야! 하나, 둘, 셋!

☑ 교사: 술래든 술래가 아니든 맡은 역할에 최선을 다해 경기하는 너희가 멋있다! 우리 모두 박수 쳐주자.

간단한 피드백이지만 교사가 자신에게 관심을 가지고 응원해 준다는 것만으로도 학생에겐 매우 신나는 일이 될 것입니다. 아직 신체활동 경험이 부족해 술래가 마냥 좋아 보이는 저학년 학생에게 다양한 경험을 제공해주는 것은 교사의 역할입니다.

5 신체활동을 거부하는 학생 지도 방법

저학년 신체활동을 경험해보지 못한 교사가 겪는 가장 당황스러운 순간은 신체활동을 거부하는 학생을 만날 때일 것입니다. 교실을 벗어나 신나게 놀 아이들을 떠올리며 들뜬 마음으로 신체활동과 팀 나누기까지 다 준비했는데 안 하겠다는 학생을 만나 당황했던 경험이 있을 것입니다. 아이들을 생각하며 힘들게 준비한 교사의 의욕과 열정까지 꺾이는 순간입니다. 그러나 우리가 수학을 어려워하는 아이를 포기하지 않고 끝까지 이해시키려고 하듯이 신체활동도 같은 맥락으로 접근해야 합니다. 수학에 어려움을 겪는 원인이 다양한 것처럼 신체활동이 어렵고 하기 싫은 데에도 이유가 있습니다. 그 이유를 찾는 것이 우선순위입니다.

① 팀 구성이 못마땅한 경우

저학년 학생은 싫어하는 친구와 팀이 된 경우, 신체활동을 잘 못하는 친구와 팀이 돼서 질 것 같은 경우, 친한 친구랑 떨어진 경우 등 팀 구성이 못마땅하면 신체활동을 거부하기도 합니다. 이런 경우에는 활동 시작 전에 팀 구성에 대해 충분히 설명해주고 팀과 관계없이 최선을 다하는 학생이 잘하는 것이라며 사전에 주지해주는 것이 좋습니다.

☑ 교사: 혹시 오늘은 내가 원하는 팀이 되지 않더라도 다음에는 원하는 팀이 될 수도 있겠죠? 그날을 위해 경기마다 최선을 다하면 나는 운동을 잘하는 사람이 되고, 모두 나와 함께 팀을 하고 싶어 하는 멋진 사람이 될 거예요!

교사 역시 아이들의 성향을 고려하여, 가능하다면 팀은 활동마다 바꾸어주는 것이 좋고, 상황과 활동에 따라 적절한 팀 나누기 방법을 선택해야 합니다.

② 신체활동 능력이 친구들보다 부족하다고 생각하는 경우

신체활동에 대해 창피했던 기억, 실패 경험이 있거나 마음과 달리 수행 능력이 더딘 학생들은 방어기제로 신체활동 자체를 기피하거나 거부하기도 합니다. 이 경우에는 신체활동에 대한 부정적인 인식을 깰 수 있는 기회를 줘야 하는데, '할 수 있다!'라는 교사의 지지와 격려, 피드백, 칭찬이 중요한 역할을 합니다. 인내심이 필요하고 섬세한 과정이지만 학생의 평생 건강과 자아에 영향을 미치는 과정이니 도전해보길 추천합니다. 또 이 학생들을 바로 경쟁 요소가 있는 활동 속으로 투입하기보다 개인 연습 시간을 충분히 주고, 학급 친구들에게도 부족한 친구를 비난하거나 탓하지 않도록 지도해야 합니다. 개개인의 실수나 신체활동 능력이 두드

러지는 활동보다는 협력 활동부터 시작하여 신체활동에 즐거움을 느끼고 자신감을 가지게 하는 것도 좋습니다.

③ 신체활동을 싫어하는 경우

드물긴 하지만 기질적으로나 타고난 성격 자체가 움직이기 싫고, 의욕이 없는 학생이 있습니다. 이런 경우 하기 싫은 이유가 뚜렷이 없으며, 신체활동뿐만 아니라 다른 활동에서도 의욕이 없을 가능성이 큽니다. 이런 경우엔 학부모와 상담을 통해 학생의 성향을 충분히 파악하는 것이 중요합니다. 심하지 않은 수준의 내성적 성격이라면 신체활동이 좋아지게끔 신나고 즐거운 활동을 준비하고, 교사가 격려하고 칭찬하는 것이 효과적입니다. 그러나 그런 노력이 효과 없다면 수업 시간에 지켜야 할 학생의 역할과 의무에 대해 설명해줄 필요성이 있습니다. 신체활동 시간도 공부를 하는 시간이니 학생으로서 최선을 다해 수업에 임하게 해야 합니다.

신체활동을 할 수 없다면 친구들의 신체활동을 잘 보고 느낌을 글이나 그림 등 다양한 방식으로 표현하도록 하는 것도 하나의 방법이 될 수 있습니다. 오늘 친구들이 어떤 활동을 했는지, 활동은 어떤 방법이나 순서로 하는지, 규칙은 어떤 것이 있는지, 오늘 신체활동을 잘한 친구와 노력이 필요한 친구는 누군지, 그 이유 등을 표현하도록 해보는 것입니다. 수업이 이루어지는 동안 해당 학생이 배제되어 있지 않고, 함께 참여한다는 인식을 가질 수 있도록 해야 합니다. 글을 쓰기 어려운 경우에는 수업이 끝난 후 소감 발표 및 칭찬해주기 형식으로 할 수도 있습니다.

1 아이들이 스스로 뒷정리하기

줄서기부터 교실 밖으로 나가기, 준비운동, 본 활동, 정리 활동까지 40분은 정말 짧은 시간입니다. 시간에 쫓겨 본 활동만 마무리하여 교실로 돌아가는 일도 부지기수입니다. 그러나 신체활동을 마지막까지 질서 있게 만들기 위해서 정리 활동은 필수입니다. 정리 활동을 체계적으로 유지하는 것만으로도 교사는 더욱 편한 신체활동 수업을 할 수 있으니 시간 안배를 잘해서 시도해보길 추천합니다. 정리 활동 순서는 '뒷정리하기, 정리운동 하기, 수업에 대해 이야기 나누기'로 나눌 수 있습니다.

☑ 수업 활동 후 뒷정리는 아이들이 스스로 할 수 있게 지도하는 것이 좋습니다. 교사 혼자 교구를 준비하고 정리하기에는 시간이 부족하기도 하지만, 교구를 정리하는 것은 학생의 몫이라는 것을 알려주는 것이 자율성과 책임감을 기르는데 도움이 됩니다. 뒷정리 방법은 다양하므로 필요에 따라 적절한 방법을 선택하면 됩니다.

① 이긴 팀이 정리하기

이긴 팀이 기쁜 마음으로 교구를 빠르고 바르게 정리하도록 합니다. 간단하지만 인성 요소 지도에도 도움이 되며, 진 팀의 마음을 달래줄 수도 있습니다. 진 팀은 이긴 팀이 정리하는 동안 잠깐 쉬며 서로를 격려하고 위로해주는 시간을 보내도록 합니다.

② 신체활동 이끔이가 정리하기

정리 시간이 부족하거나 정리할 교구가 적을 때 활용할 수 있습니다. 저학년 학생들은 도움을 주고 인정받는 것을 좋아하기 때문에 신체활동 이끔이를 선정했다면 적극적으로 활용해주는 것이 좋습니다. 이끔이에게 책임감을 가질 수 있는 임무를 부여하고, 잘 수행했을 때 칭찬해주는 것만으로도 교사는 든든한 도우미를 얻게 됩니다.

③ 다 같이 정리하기

가장 빠르게 뒷정리하는 방법입니다. 이긴 팀과 진 팀이 없거나, 모두 즐겁게 신체활동을 마쳤을 때 활용하기 좋습니다. 고학년과 달리 저학년 학생들은 정리 자체가 즐거운 활동이 되기도 하며, 나서서 도움을 주는 것을 좋아하는 특징이 있어서 활용하기 좋습니다.

2 정리운동 하기

신체활동을 하다 보면 생각보다 시간이 촉박해집니다. 특히 본 활동이 끝날 무렵이면 수업이 끝나기 직전인데, 다음 수업도 생각하다 보면 쉬는 시간까지 침범해가며 정리운동을 할 여유가 없게 됩니다. 그래서 정리운동을 생략하는 경우도 흔히 볼 수 있습니다.

그러나 정리운동은 준비운동만큼이나 중요한 역할을 합니다. 준비운동이 본 활동에서 발생할 수 있는 큰 부상을 예방한다면, 정리운동은 신체활동 후에 올 수 있는 부상을 예방하는 역할을 합니다. 신체적인 측면에서 정리운동은 호흡을 정돈하고, 근육으로 몰렸던 혈액을 되돌려 근육통을 예방합니다. 수업 흐름의 측면에서 정리운동은 아이들을 차분하게 만들고 수업을 마무리하는 효과가 있습니다. 본 활동이 끝나자마자 정신없이 교실로 가는 것과 정리운동을 통해 차분하게 정리하고 교실에 가는 것은 매우 다릅니다. 또한 준비운동과 정리운동 수행 여부로 교사가 안전사고 예방을 위해 노력했는지를 판단하기도 합니다.

정리운동을 하는 방식은 교사마다 다르겠지만, 준비운동처럼 늘 같은 방법으로 전신을 하나하나 운동할 것을 권장하지는 않습니다. 앞서 말했듯이 시간적인 압박을 피하기는 어렵기 때문입니다. 그래서 정리운동은 준비운동보다 더 가볍게, 그러나 핵심적인 동작을 할 것을 추천합니다.

손으로 던지는 활동을 했다면 어깨와 팔 위주의 스트레칭, 손으로 잡는 활동을 했다면 손가락과 손목 위주의 스트레칭, 뛰거나 발로 차는 활동을 했다면 다리와 발목 위주로 스트레칭을 합니다. 스트레칭을 할 때는 교사가 10초를 소리 내 세며, 시범 동작을 보이는 것이 시간도 단축되고 정확한 동작을 따라할 수 있는 데 도움이 됩니다. 자세한 스트레칭 동작은 31~34쪽의 신체 부위별 준비운동을 참고하면 좋습니다. 부위별 스트레칭을 마친 후에는 숨쉬기 체조나 온몸 털기 등을 통해 호흡을 정돈하는 것을 추천합니다.

▲ 숨쉬기 체조   ▲ 온몸 털기

체조 대형도 오와 열을 맞춰 서기보다는 빠르고 편하게 모일 수 있는 방법이면 좋습니다. 시간적 여유가 된다면 체조 대형 만들기 방법 중 '❸ 라인 활용하여 체조 대형 만들기'를 추천합니다. 여유가 없을 때는 친구와 간격을 두고 선생님 주변으로 빠르게 모이도록 할 수도 있습니다. 단, 아무리 여유가 없더라도 다치지 않게 간격을 두고, 장난치지 않고 모두 열심히 정리운동까지 마칠 수 있도록 지도해야 합니다.

3 수업에 대해 이야기 나누기

모든 교과 수업의 끝이 '오늘 배운 내용 정리'이듯 신체활동도 마찬가지로 정리하는 시간이 필요합니다. 뒷정리와 정리운동까지 마친 후 차분하게 모여 앉아 그날 진행된 신체활동 수업에 대해 이야기 나눕니다. 다음은 수업 정리 시간에 활용할 수 있는 발문입니다.

- 활동 후, 기분이 어떤가요? 왜 그러한가요?

- 오늘 활동에서 안전을 위하여 이것만은 꼭 하지 말라고 했던 행동은 무엇인가요?

- 다음 시간에도 즐겁게 활동에 참여하기 위해서 무엇을 약속할 수 있을까요?

- 오늘 수업에서 나는 무엇을 잘했다고 생각하나요?

- 오늘 수업에서 나는 무엇이 부족했을까요?

- 오늘 경기는 어떤 규칙이 있었나요?

- 어떻게 하면 공을 정확하게 던질 수 있나요?

- 어떻게 하면 공을 멀리 던질 수 있나요?

- 오늘 경기에서 잘한 친구는 누구인 것 같나요? 이유는 무엇인가요?

- 오늘 경기에서 아쉬웠던 점을 이야기해봅시다.

물론 시간도 부족하고 아이들의 집중력이 떨어지는 등 어려운 점도 있지만, 그에 비해 얻게 되는 장점이 매우 큽니다. 아이들은 신체활동 시간이 노는 시간이라고 생각하기 쉬운데, 신체활동도 다른 교과와 마찬가지로 열심히 공부하고 배움을 얻어가는 시간이기 때문에 교사는 배움이 일어날 수 있도록 여러 장치를 심어 둬야 합니다. 신체를 통해 무언가 느꼈다면, 마지막에 느낀 점과 생각을 공유하고 정리하는 과정에서 배움을 얻어가게 될 것이며, 이는 진지하게 수업에 임하게 되는 원동력이 됩니다. 이것이 정리 시간을 통해 얻게 되는 가장 큰 장점입니다.

두 번째 장점은 교사가 교·수·평이 일체된 양질의 수업을 준비할 수 있다는 것입니다. 신체활동 수업 마지막에 학생들과 이야기를 나누며 수업 정리하는 것이 교·수·평 일체화와 어떤 관련이 있는지 의아하겠지만 이는 백워드 설계 모형으로 설명할 수 있습니다. 백워드 설계 모형이란 목표 달성을 위해 평가를 강조한 선 평가-후 교육의 평가우위모형입니다. 수업 정리 질문은 곧 평가를 의미하며, 평가를 위해 먼저 교육과정을 생각하고 교육목적을 설정하게 됩니다. 교육목적을 토대로 수업 정리 질문을 만들며 교육평가 계획이 수립되고, 그 과정을 토대로 수업을 설계하게 되는 것입니다. 이를 통해 지식, 기능, 태도 중 어느 영역에만 치중되지 않은 양질의 평가와 수업을 할 수 있게 됩니다.

마지막 장점은 학생들의 신체활동 태도 개선입니다. 신체활동 시간은 규칙준수와 여러 인성 요소를 직접 경험하고 배울 수 있는 좋은 시간입니다. 저학년 학생들이 신체활동을 하다 보면 이성보다 본성이 앞서 여러 가지 문제 상황들을 겪게 되는데, 그 과정을 수업 마무리 질문을 통해 배움으로 연결할 수 있습니다. 교사는 신체활동을 잘한 학생은 충분히 칭찬하고 인정해주는 것이 좋고, 잘 수행하지 못했더라도 배움과 연결지어 충분히 잘하고 있음을 드러내며 격려해주는 것이 좋습니다. 단, 칭찬은 지식, 기능, 태도 어느 영역에 치우치지 않고, "○○이는 경기 규칙을 잘 이해했구나.", "오늘 ○○이는 공을 아주 잘 던졌어.", "○○이가 친구에게 공을 양보한 것 아주 멋있었어."와 같이 골고루 칭찬해주는 것이 좋습니다.

II

교구별
신체활동 소개

memo

콘

초등학교에서 신체활동 시 사용하는 콘은 접시콘과 라바콘(칼라콘)이 대표적이며, 콘이 없는 학교는 없을 정도로 매우 보편화된 신체활동 교구이다. 주로 영역을 구분하거나 위치를 표시할 때 사용하는 교구지만 교구의 생김새와 특징을 이용하여 다양한 활동에 사용하기도 한다. 접시콘은 재질이 말랑말랑하고 높이가 낮으며 가볍고 위아래로 구멍이 뚫려있어 공을 올려놓거나 머리에 쓸 수 있으며 들고 움직이기 편하다. 라바콘은 크기가 다양하며 눈에 잘 띄어 반환점으로 사용하거나 숫자 등을 표시하기도 한다.

01 어부와 물고기

- 준 비 물 #접시콘 #팀조끼
- 교과연계 #달리기 #술래잡기
- 기본인원 #10명 이상
- 활동장소 #운동장 #체육관 #다목적실

한 줄 설명 : 물고기가 어부를 피해 도착점까지 달리기

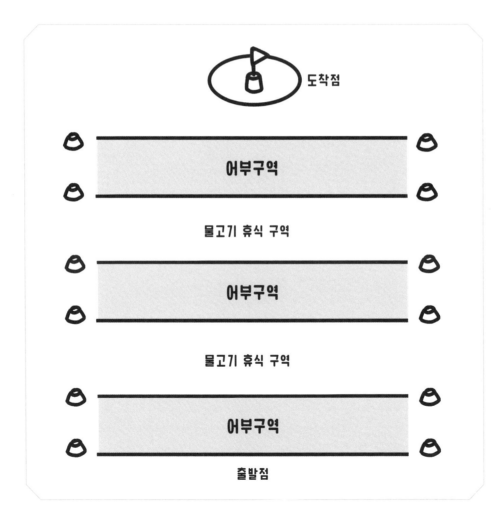

◉ 수업 전 준비해요

▪ 팀 나누기
세 팀으로 나눈다. 한 팀은 어부, 나머지 두 팀은 물고기가 된다.

▪ 준비물
운동장 라인기나 체육관 라인을 활용할 수 있다. 접시콘은 어부 구역당 4개씩 준비하며 어부가 입을 팀조끼를 준비하면 좋다.

◉ 수업 중 이렇게 활동해요

❶ 어부는 어부 구역에서, 물고기는 출발선에서 준비한다. 어부는 어부 구역에서만 움직일 수 있으며 물고기 휴식 구역으로는 갈 수 없다.	❷ 물고기는 도착점으로 이동해야 하며 어부 구역에서는 어부를 피해 빠르게 이동한다. 물고기는 휴식 구역으로 들어온다면 숨을 고르고 다음 어부 구역을 지나갈 준비를 한다.

❸ 물고기는 어부에게 접촉이 되었을 때 아웃이 되고 제한 시간 안에 어부에게 잡히지 않고 도착점으로 도착해야 한다.	❹ 제한 시간을 두고 어부를 번갈아 활동한 후 더 많은 물고기가 도착점에 도달한 팀이 승리한다.

더 Fun하게 만드는 난이도 조절 Tip!
☑ 접시콘 사이에 있는 어부의 수를 늘린다.
☑ 접시콘의 가로 간격을 조절한다.

뻔하지 않은 활동 운영 Tip!
☑ 어부와 물고기가 부딪히지 않도록 유의한다.
☑ 팀별로 전략 회의할 시간을 주어 어부를 피하는 방법에 대해 함께 논의한다.

02 접시콘을 뒤집어라

- 준 비 물 #접시콘
- 교과연계 #달리기 #잡기
- 기본인원 #4명 이상
- 활동장소 #운동장 #체육관 #다목적실

한 줄 설명 : 제한 시간 동안 상대팀의 접시콘 많이 뒤집기

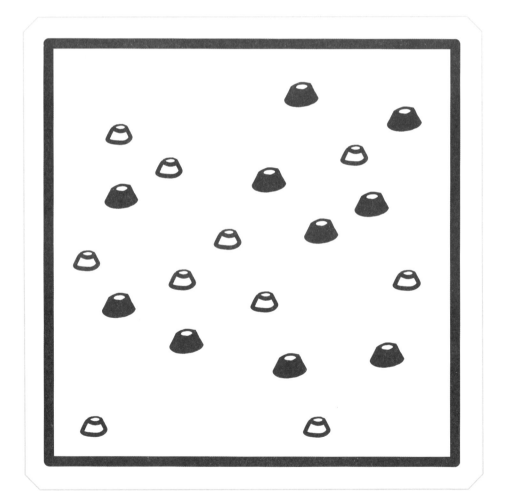

◉ 수업 전 준비해요

■ 팀 나누기
두 팀으로 나눈다.

■ 준비물
접시콘은 두 팀이 다른 색깔로 각각 10개 이상 준비한다.

◉ 수업 중 이렇게 활동해요

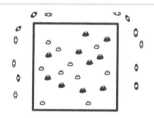

❶ 경기장 안에는 다른 두 색상의 접시콘을 무작위로 놓고 학생들은 두 팀으로 나눠 경기장 밖에서 대기한다.

❷ 팀별로 접시콘 색깔을 하나씩 정해주어 본인이 어떤 색깔의 팀인지 알게 한다. 경기가 시작되면 학생들은 경기장 안으로 들어가 상대 팀의 접시콘을 뒤집는다.

❸ 상대방이 뒤집어놓은 우리팀의 접시콘도 원래대로 세울 수 있다.

❹ 제한 시간 동안 경기 후 더 많은 접시콘을 뒤집은 팀이 승리한다.

더 Fun하게 만드는 난이도 조절 Tip!
☑ 접시콘의 개수를 조절한다.
☑ 경기장의 크기를 조절한다.

뻔하지 않은 활동 운영 Tip!
☑ 콘을 던지거나 발로 차지 않도록 한다.
☑ 접시콘을 뒤집을 때 접시콘의 위치가 바뀔 수 있으나, 접시콘을 오래 들고 있거나 접시콘을 들고 경기장 밖으로 나갈 수 없다.

03 고깔 이어달리기

■ 준 비 물   #접시콘 #라바콘
■ 교과연계   #달리기 #균형잡기
■ 기본인원   #6명 이상
■ 활동장소   #운동장 #체육관 #다목적실

한 줄 설명 : 고깔을 머리에서 떨어뜨리지 않고 이어달리기

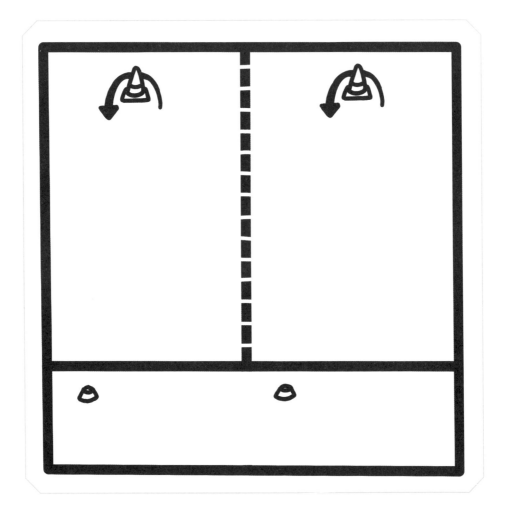

🌑 수업 전 준비해요

■ 팀 나누기
두 팀으로 나눈다. 인원에 따라 3~4팀으로 운영할 수 있다.

■ 준비물
접시콘과 라바콘은 한 팀당 한 개씩 준비한다.

🌑 수업 중 이렇게 활동해요

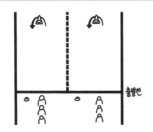

❶ 각 팀별로 순서를 정하여 출발선에 일렬로 선다.

❷ 첫 번째 주자는 머리에 접시콘을 올리고 반환점으로 뛰어간다.

❸ 접시콘은 손으로 만질 수 없으며 접시콘이 떨어지면 그 자리에서 주워 머리 위에 다시 올리고 출발한다.

❹ 첫 번째 주자가 반환점을 돌아 출발선으로 돌아온 후 다음 주자에게 접시콘을 넘긴다. 마지막 주자까지 빨리 들어온 팀이 승리한다.

더 Fun하게 만드는 난이도 조절 Tip!
☑ 출발선과 반환점과의 거리를 조절한다.

뻔하지 않은 활동 운영 Tip!
☑ 콘이 떨어져서 굴러간 경우 접시콘을 주워와 떨어진 위치부터 시작한다.

04 요리조리

- **준 비 물** #접시콘 #라바콘
- **교과연계** #달리기 #옆으로 걷기
- **기본인원** #4명 이상
- **활동장소** #운동장 #체육관 #다목적실

한 줄 설명 : 접시콘을 모두 터치하고 반환점 돌아오기

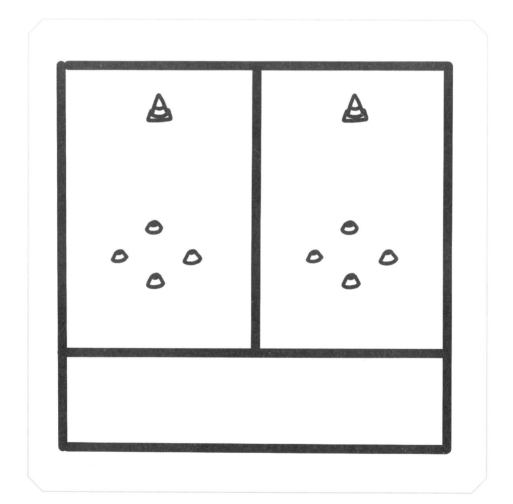

◉ 수업 전 준비해요

▪ 팀 나누기
두 팀으로 나눈다.

▪ 준비물
접시콘은 한 팀당 4개 이상 준비하고 라바콘은 1개씩 준비한다.

◉ 수업 중 이렇게 활동해요

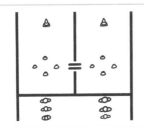

❶ 두 경기장에 동일하게 접시콘을 배치한다. 각 팀의 주자들은 출발선에 일렬로 선다.

❷ 경기가 시작되면 첫 번째 주자는 접시콘을 모두 터치 후 반환점을 돈다. 접시콘 터치 순서는 상관이 없으나, 가까이 있는 것부터 차례대로 터치하는 것이 좋다.

❸ 반환점을 돈 주자는 접시콘을 터치하지 않고 바로 출발선으로 뛰어서 돌아온다.

❹ 다음 주자와 하이파이브로 배턴터치한다. 이를 반복하여 마지막 주자까지 먼저 들어온 팀이 승리한다.

더 Fun하게 만드는 난이도 조절 Tip!
☑ 출발선과 반환점과의 거리를 조절한다.
☑ 접시콘의 터치 순서를 정해준다.
　(숫자나 접시콘 색깔을 다르게 하여 표시해주기)

뻔하지 않은 활동 운영 Tip!
☑ 접시콘을 터치하지 못하면 다시 와서 터치해야하며 이는 교사가 판단한다.

05 공깃돌 넣기

- **준 비 물** #접시콘 #공깃돌
- **교과연계** #던지기
- **기본인원** #2명 이상
- **활동장소** #운동장 #체육관 #다목적실 #교실

한 줄 설명 : 뒤집힌 접시콘 안에 공깃돌을 넣어 접시콘 획득하기

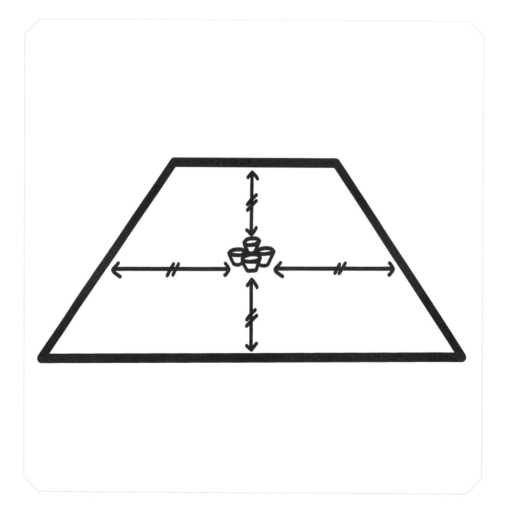

🔆 수업 전 준비해요

■ 팀 나누기
네 팀으로 나눈다. 인원에 따라 팀 수를 줄여도 된다.

■ 준비물
접시콘과 공깃돌은 인원 수만큼 준비한다. 공 깃돌은 팀당 1개씩으로도 운영할 수 있다.

🔆 수업 중 이렇게 활동해요

	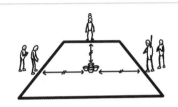
❶ 경기장 가운데에 뒤집힌 접시콘을 서로 떨어지지 않게 붙여서 모아둔다. 공깃돌은 인당 1개씩 나눠준다.	❷ 접시콘을 바라보고 팀별로 일렬로 서고, 각 팀과 접시콘과의 간격은 동일하게 한다. 팀에서는 공깃돌을 던지는 순서를 정한다.

❸ 먼저 공깃돌을 던질 팀을 정하여 각 팀의 첫 번째 주자부터 접시콘 안으로 공깃돌을 던진다. 접시콘 안에 공깃돌이 들어갈 경우, 그 접시콘을 자신의 팀으로 가져온다.	❹ 던진 공깃돌은 자신이 다시 가져오며 접시콘이 사라질 때까지 경기를 진행한다. 경기가 끝난 후 가장 많은 접시콘을 가지고 있는 팀이 승리한다.

더 Fun하게 만드는 난이도 조절 Tip!
☑ 던지는 선과 접시콘과의 간격을 조절한다.
☑ 공깃돌 대신 탁구공을 이용하면 땅에 튕겨서 넣기가 가능하다.

뻔하지 않은 활동 운영 Tip!
☑ 공깃돌을 위에서 아래로 던지기보다 아래서 위로 던져 정확성을 높인다.
☑ 던진 공깃돌은 팀이 한 번씩 다 던지고 난 후 가져온다.

06 피라미드 만들기

- ■ 준 비 물 #접시콘 #라바콘
- ■ 교과연계 #달리기 #쌓기
- ■ 기본인원 #8명 이상
- ■ 활동장소 #운동장 #체육관 #다목적실

한 줄 설명 : 라바콘에 4개의 접시콘을 씌워 피라미드 만들기

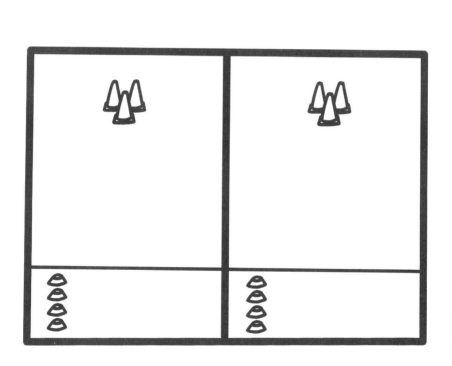

◉ 수업 전 준비해요

■ 팀 나누기
두 팀으로 나눈다.

■ 준비물
피라미드 1개는 라바콘 3개, 접시콘 4개가 필요하며 인원에 따라 피라미드의 개수를 조절하여 라바콘과 접시콘을 준비한다. (팀원 10명 기준 피라미드 3개)

◉ 수업 중 이렇게 활동해요

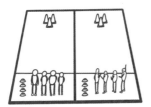	
❶ 경기장에 라바콘 3개를 삼각형 모양으로 붙여 피라미드를 만든다. 인원에 따라 피라미드는 2개나 3개가 될 수 있다. 팀에서 순서를 정하여 출발선에서 일렬로 대기한다.	❷ 첫 번째 주자는 접시콘 한 개를 가지고 피라미드로 뛰어간다. 3개의 라바콘 중 하나의 라바콘 위에 접시콘을 씌운 뒤 돌아와 다음 주자와 하이파이브로 배턴터치를 한다.

❸ 두 번째와 세 번째 주자도 접시콘이 씌워지지 않은 라바콘에 접시콘을 씌우고 돌아온다.	❹ 네 번째 주자는 접시콘이 다 씌워진 라바콘 사이에 접시콘을 올린다. 같은 방법으로 모든 피라미드를 먼저 완성한 팀이 승리한다.

더 Fun하게 만드는 난이도 조절 Tip!
☑ 접시콘을 미리 나눠주지 않고 경기장 내에서 주워서 가도록 한다.
☑ 라바콘과 출발선 사이의 간격을 조절한다.

뻔하지 않은 활동 운영 Tip!
☑ 접시콘을 뒤집지 않고 넓은 부분이 아래가 되도록 라바콘에 씌운다.
☑ 접시콘이 떨어지면 그것을 확인한 주자가 주워서 다시 올린다.

고깔 술래잡기

■ 준 비 물   #접시콘 #팀조끼
■ 교과연계   #달리기 #균형잡기 #술래잡기
■ 기본인원   #10명 이상
■ 활동장소   #운동장 #체육관 #다목적실

한 줄 설명 : 접시콘을 머리에서 떨어뜨리지 않고 술래잡기 하기

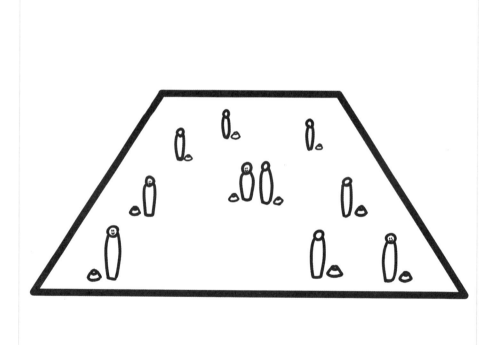

◉ 수업 전 준비해요

■ 팀 나누기
술래를 2명 정한다. (20명 기준 3명 추천)

■ 준비물
접시콘은 학급 인원수만큼 준비하고 팀조끼는 술래 인원만큼 준비한다.

◉ 수업 중 이렇게 활동해요

❶ 술래는 경기장 가운데에 대기하고 도망가는 친구들은 접시콘을 쓰고 흩어진다. 경기 중에 접시콘은 손으로 만질 수 없다.	❷ 경기를 시작하면 술래는 접시콘을 머리에 쓰고 도망가는 친구들을 터치하여 아웃시킨다. 아웃된 친구들은 경기장 밖으로 나간다.

❸ 도망가는 친구들은 머리에서 접시콘이 떨어져도 아웃된다. 술래의 접시콘이 떨어진 경우 다른 술래가 접시콘을 주워 머리에 씌워줄 때까지 자리에서 대기한다.	❹ 술래에게 도망가는 친구들이 다 잡히거나 술래의 접시콘이 모두 떨어진 경우 경기가 끝난다.

더 Fun하게 만드는 난이도 조절 Tip!
☑ 경기장의 크기를 조절한다.
☑ 술래의 인원을 조절한다.

뻔하지 않은 활동 운영 Tip!
☑ 아웃된 친구들은 경기장 밖에서 선생님과 심판을 함께 본다.
☑ 팀조끼 외에 술래와 친구들의 접시콘 색깔을 다르게 하여 구분할 수 있다.

08 손에 손잡고 협동 이어달리기

- 준 비 물 #라바콘
- 교과연계 #달리기
- 기본인원 #10명 이상
- 활동장소 #운동장 #체육관

한 줄 설명 : 팀원을 한 명씩 데려와서 함께 이어달리기 하기

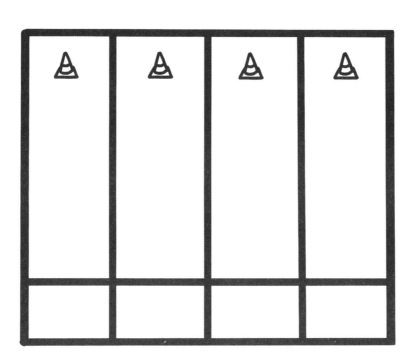

수업 전 준비해요

▪ 팀 나누기
네 팀으로 나눈다. 인원에 따라 2~3팀으로 운영할 수 있다.

▪ 준비물
라바콘은 한 팀당 1개씩 준비한다.

수업 중 이렇게 활동해요

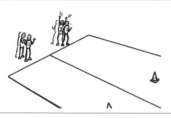

❶ 각 팀별로 달릴 순서를 정하여 출발선에 일렬로 대기한다.

❷ 첫 번째 주자는 빠르게 반환점을 돌아 출발점으로 돌아온다. 돌아온 주자는 두 번째 주자의 손을 잡고 다시 반환점으로 함께 뛰어간다. 반환점을 돌 때는 모두 함께 돌아야 한다.

❸ 두 주자가 반환점을 돌고 출발선으로 돌아오면 세 번째 주자와 손을 잡고 함께 반환점으로 뛰어간다. 잡힌 손이 끊기면 그 자리에서 손을 잡고 다시 출발한다.

❹ 이를 반복하여 마지막 주자와 함께 먼저 출발선으로 돌아온 팀이 승리한다.

더 Fun하게 만드는 난이도 조절 Tip!
☑ 출발선과 반환점과의 거리를 조절한다.
☑ 한 팀당 인원수를 조절한다.

뻔하지 않은 활동 운영 Tip!
☑ 순서가 중요한 게임으로 신중하게 순서를 정할 수 있도록 지도한다.
☑ 라바콘 사이의 간격을 넓게 하여 반환점을 돌 때 다른 팀과 부딪히지 않도록 한다.

09 긴장 속의 외침

- 준 비 물 #라바콘
- 교과연계 #돌기 #잡기
- 기본인원 #2명 이상
- 활동장소 #운동장 #체육관 #다목적실

한 줄 설명 : 교사의 외침에 따라 자신의 신체를 터치하거나 콘 잡기

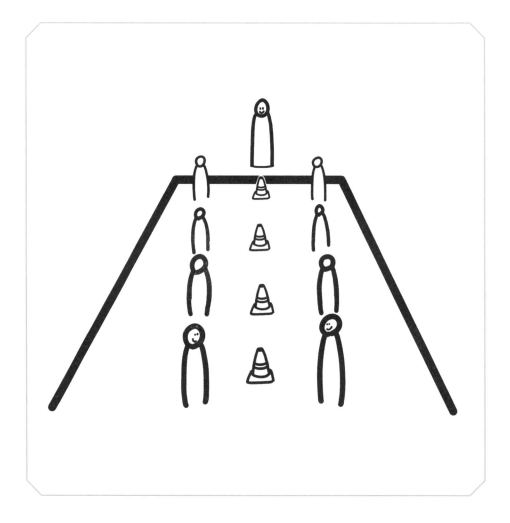

◎ 수업 전 준비해요

■ 팀 나누기
두 팀으로 나눈다.

■ 준비물
전체 인원의 반만큼 라바콘을 준비한다.

◎ 수업 중 이렇게 활동해요

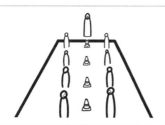	
❶ 두 팀은 일렬로 마주보고 그 사이에 라바콘을 둔다. 교사는 두 팀 사이의 라바콘 앞에 선다.	❷ 모든 학생들은 콘을 등지고 뒤로 돈다. 교사는 학생들에게 머리, 어깨, 무릎, 발 등 터치할 수 있는 신체 부위를 외친다.

❸ 교사의 외침에 맞춰 학생들은 자신의 신체를 터치한다.	❹ 교사가 "콘"을 외칠 경우 학생들은 뒤를 돌아 콘을 잡는다. 콘을 먼저 잡는 학생이 승리하며 마주보는 친구들을 바꾸면서 활동한다.

더 Fun하게 만드는 난이도 조절 Tip!
- ☑ 교사는 신체부위 외에 동물 흉내, 스포츠 자세 등 특별한 동작을 추가한다.

뻔하지 않은 활동 운영 Tip!
- ☑ 동작을 따라하지 않고 콘을 잡는 경우는 실격한다.
- ☑ 라바콘을 무리하게 잡는 과정에서 서로 부딪히거나 라바콘으로 친구들 다치게 하지 않도록 유의한다.

10 진놀이

- ■ 준 비 물 #라바콘 #훌라후프
- ■ 교과연계 #달리기 #술래잡기
- ■ 기본인원 #6명 이상
- ■ 활동장소 #운동장 #체육관 #다목적실

한 줄 설명 : 상대 진영에 침투하여 잡히지 않고 라바콘 가져오기

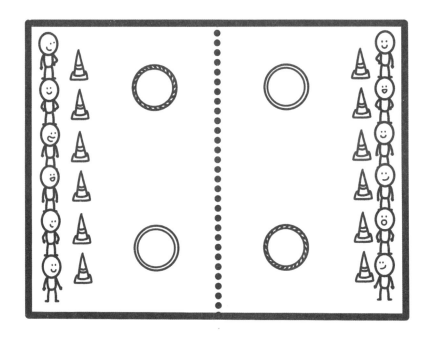

🌑 수업 전 준비해요

▪ 팀 나누기
두 팀으로 나눈다.

▪ 준비물
라바콘은 팀별로 색깔을 다르게 하여 전체 인원만큼 준비하고, 훌라후프는 팀당 2~3개를 준비한다.

🌑 수업 중 이렇게 활동해요

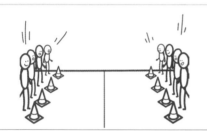

❶ 경기장을 반으로 나눠 경기장 끝에 각 팀의 라바콘을 일정한 간격으로 배치한다. 각 팀원은 라바콘 앞에 선다.

❷ 각 팀원은 중앙선을 넘어 상대 진영에 침투해 상대의 라바콘을 가져다 우리 진영의 라바콘 옆에 둔다. 라바콘은 한 번에 한 개만 가져올 수 있다.

❸ 우리 진영에 침투한 상대팀을 터치하면 상대팀은 우리 진영 훌라후프 안에 갇히게 된다. 상대 진영 훌라후프에 갇힌 우리팀을 터치하면 훌라후프 밖으로 탈출할 수 있다.

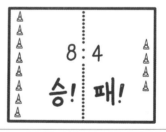

❹ 제한 시간 안에 라바콘을 더 많이 모으거나 상대의 모든 라바콘을 가져오면 승리한다.

뻔하지 않은 활동 운영 Tip!
☑ 라바콘을 들고 있는 사람을 터치하여 훌라후프에 가둘 수 없으며 라바콘을 들고 있는 사람은 우리팀을 터치하여 탈출시킬 수 없다.
☑ 라바콘을 놓는 위치나 중앙선을 원마커로 표시하거나 선을 그어 표시한다.
☑ 색깔과 관계없이 상대 진영에 있는 라바콘은 모두 가져올 수 있다.

memo

공

저학년 학생들은 공을 던지고 치고 잡고 차고 굴리며 기초적인 도구 조작 운동을 할 수 있다. 특히 공을 사용한 도구 조작 운동은 3–6학년 체육의 경쟁영역에서 기본 기술 연습의 기초가 되며, 대근육 발달에 도움이 된다. 공의 종류는 다양한데, 저학년이 사용하기에 적절한 공은 소프트 발리볼, 빅발리볼, 탱탱볼이라 불리는 PVC 소재의 공, 솜털공 등 가볍거나 큰 공이 다루기 좋고 부상의 위험도 적다.

01 굴리는 피구

■ 준 비 물   #공
■ 교과연계   #두발뛰기 #잡기 #굴리기
■ 기본인원   #10명 이상
■ 활동장소   #운동장 #체육관 #다목적실

한 줄 설명 : 공을 굴려서 원 안에 있는 상대팀 아웃시키기

◉ 수업 전 준비해요

▪ 팀 나누기
두 팀으로 나누어 공격과 수비를 번갈아 활동한다.

▪ 준비물
말랑한 공을 추천하지만 상황에 따라 다양한 공을 사용해도 된다.

◉ 수업 중 이렇게 활동해요

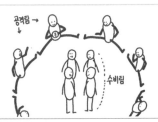

❶ 공격팀은 동그랗게 앉아서 큰 원을 만들고 원 안에는 수비팀이 들어간다.

❷ 공격팀은 공이 뜨지 않게 굴려서 수비팀을 맞힌다. 공을 맞은 수비팀은 경기장 밖으로 아웃이 되고 공이 무릎 위로 떠서 맞을 경우 무효로 한다.

❸ 공격팀은 공을 잡은 경우 무조건 자신이 공을 굴려야 하며 공을 연속으로 잡았다면 옆에 친구에게 패스해야 한다.

❹ 두 팀 중 제한 시간 동안 최대한 많은 인원을 아웃시킨 팀이 승리한다.

더 Fun하게 만드는 난이도 조절 Tip!
☑ 공 개수를 늘린다.(1분당 공 1개씩 추가, 2개의 공으로 시작하기 등)
☑ 공이 경기장 밖으로 나갈 때마다 가장 먼저 아웃된 수비팀 1명이 부활하는 부활 제도를 적용할 수 있다.

뻔하지 않은 활동 운영 Tip!
☑ 공격팀은 꼭 다리를 벌리고 앉아있을 필요는 없지만 원 밖으로 공이 나가지 않는 것이 팀에 유리하다는 것을 미리 안내한다.
☑ 경기를 하다보면 몇 명의 아이들만 공을 굴리게 된다. 연속으로 공을 굴릴 수 없다는 규칙을 만들거나, 서로 양보할 수 있도록 지도한다.

02 태그 피구

■ 준 비 물 #공 #팀조끼
■ 교과연계 #잡기 #던지기 #달리기
■ 기본인원 #6명 이상
■ 활동장소 #운동장 #체육관 #다목적실

한 줄 설명 : 공으로 상대팀을 태그해서 아웃시키기

수업 전 준비해요

■ 팀 나누기
두 팀으로 나누어 공격과 수비를 번갈아 활동한다.

■ 준비물
공은 말랑하고 부드러운 공을 추천하며 팀조끼로 팀을 구분하면 좋다.

수업 중 이렇게 활동해요

❶ 두 팀으로 나누어 공격팀과 수비팀을 정한다. 경기장 안에는 두 팀이 한꺼번에 들어가고, 공격팀은 2개의 공으로 공격을 시작한다.

❷ 경기장 내에서 두 팀은 자유롭게 이동할 수 있으며 공격팀은 수비팀을 공으로 태그하여 아웃시킨다. 단, 공을 던져서 아웃시킬 수는 없다.

❸ 수비팀을 아웃시킨 공격팀은 다른 팀원에게 무조건 공을 패스해야한다. 패스는 던지는 패스, 건네주는 패스 모두 가능하며 수비팀은 패스를 방해할 수 없다.

❹ 두 팀 중 제한 시간 동안 최대한 많은 인원을 아웃시킨 팀이 승리!

더 Fun하게 만드는 난이도 조절 Tip!
☑ 인원에 따라 공의 개수를 늘린다.
☑ 경기장의 크기를 조절한다.

뻔하지 않은 활동 운영 Tip!
☑ 패스를 하지 않는 학생이 있을 경우, 공을 잡는 시간을 정하는 등 교사가 적절히 개입하여 함께 협력할 수 있도록 지도한다.
☑ 공격팀이 던져서 패스하는 공을 수비팀이 잡을 경우 수비팀 중 가장 먼저 아웃된 팀원이 부활하는 제도를 적용할 수 있다.

03 지구를 옮겨라

- ■ 준 비 물 #공 #원마커
- ■ 교과연계 #잡기 #달리기
- ■ 기본인원 #6명 이상
- ■ 활동장소 #운동장 #체육관

한 줄 설명 : 공을 정해진 방법으로 도착점까지 옮기기

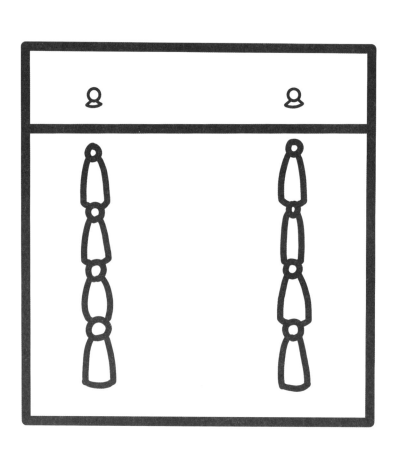

🔵 수업 전 준비해요

■ 팀 나누기
두 팀으로 나누는 것을 추천하지만 경기장이
작다면 3~4팀으로 나눠도 좋다.

■ 준비물
원마커로 출발점을 표시해주면 좋다.

🔵 수업 중 이렇게 활동해요

❶ 각 팀은 출발점을 바라보고 일렬로 준비를
한다.

❷ 시작 소리와 함께 각 팀의 첫 번째 주자는 두
번째 주자에게 출발점에 있는 공을 잡아 머리
위로 전달한다. 공을 넘길 때에는 뒤를 돌지
않고 넘긴다.

❸ 같은 방법으로 마지막 주자까지 공을 전달한
다. 공이 떨어질 경우 떨어뜨린 주자부터 다시
시작한다.

❹ 마지막 주자는 공을 들고 출발점에 뛰어가서
공을 놓는다. 공을 더 빨리 가져온 팀이 승리!

더 Fun하게 만드는 난이도 조절 Tip!
☑ 위로 전달하기 뿐만 아니라 오른쪽으로 전달하기, 다리 아래로 전
달하기, 뒤돌아 전달하기 등 다양한 방법으로 활동할 수 있다.
☑ 공이 떨어지면 떨어뜨린 주자부터 시작하기, 처음부터 시작하기
등 다양한 방법을 활용할 수 있다.

뻔하지 않은 활동 운영 Tip!
☑ 학급 인원이 적을 경우, 한 팀으로 운영하여 시간 단축을 목표로
협력 놀이를 할 수 있다.
☑ 팀원 간 간격을 정해줄 필요는 없지만 간격이 좁을수록 시간 단축
에 유리하다는 점을 안내한다.

04 그대로 멈춰라! 피구

■ 준 비 물 #공 #콘
■ 교과연계 #던지기 #균형잡기 #표현적움직임
■ 기본인원 #4명 이상
■ 활동장소 #운동장 #체육관 #다목적실

한 줄 설명 : 노래를 부르다 멈춘 친구에게 공을 던져 아웃시키기

◉ 수업 전 준비해요

■ 팀 나누기
술래 두 명을 정하고 경기가 끝날 때마다 술래를 바꿔준다.

■ 준비물
콘이 없어도 바닥의 라인이나 운동장 라인기 등을 활용해 라인을 표시한다. 공은 술래 수만큼 준비한다

◉ 수업 중 이렇게 활동해요

❶ 술래 2명을 정하여 술래를 제외한 나머지 친구들은 경기장 안으로 들어간다. 술래는 경기장 밖에서 공을 들고 대기한다.

❷ 모두 함께 "즐겁게 춤을 추다가 그대로 멈춰라"동요를 함께 부른 후 경기장 안의 아이들은 포즈를 취하고 멈춘다.

❸ 술래도 동요에 맞춰 경기장을 돌다가 함께 멈춘다. 멈춘 술래는 경기장 안에 있는 친구에게 공을 던지거나 굴려 아웃시킨다.

❹ 공이 완전히 멈출 때까지 공에 닿거나 움직인 친구는 모두 아웃된다. 몇 차례 반복한 후 술래를 바꾼다.

더 Fun하게 만드는 난이도 조절 Tip!
☑ 경기장의 크기나 술래의 수를 늘린다.
☑ 학생 수준에 따라 공을 한발만 떼서 피하기 등의 규칙을 추가해도 좋다.

뻔하지 않은 활동 운영 Tip!
☑ 동요를 부른 후 교사가 정지동작 포즈 주제를 제시할 수 있다.
 (예시 – 동물, 봄, 학교, 운동 등)
☑ 공은 세게 던지기 보단 정확하게 던지는 것이 목표이므로 아프지 않게 던지도록 지도한다.

05 콩콩 이어달리기

- ■ 준 비 물　#공 #콘
- ■ 교과연계　#두발뛰기
- ■ 기본인원　#6명 이상
- ■ 활동장소　#운동장 #체육관 #다목적실

한 줄 설명 : 공을 발목 사이에 끼고 콩콩 점프하여 이어달리기

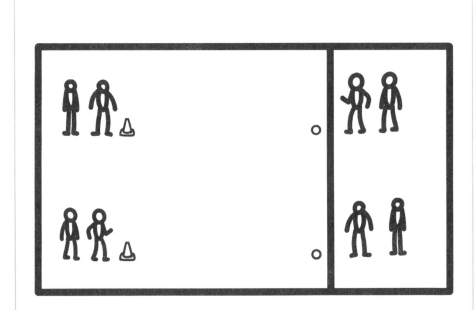

⬤ 수업 전 준비해요

▪ 팀 나누기
두 팀으로 나누는 것을 추천하지만 인원에 따라 3~4팀으로 운영하면 아이들이 활동하는 시간이 더 길어진다.

▪ 준비물
공은 작고 말랑한 공을 이용한다.

⬤ 수업 중 이렇게 활동해요

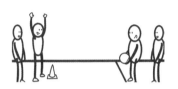	
❶ 한 팀을 반으로 나누어 절반은 출발선에, 절반은 반환점에 서서 마주보고 대기한다.	❷ 경기가 시작되면 각 팀의 1번 주자들이 발목 사이에 공을 끼우고 두발로 콩콩 뛰어 반환점으로 간다. 공이 빠지면 공을 주워와 그 자리에서 다시 출발한다.

❸ 반환점에 도착하면 대기하던 친구에게 공을 전달한다.	❹ 공을 받은 친구는 다시 발목 사이에 공을 끼워 출발선으로 향한다. 마지막 주자까지 가장 빨리 도착하는 팀이 승리한다.

더 Fun하게 만드는 난이도 조절 Tip!
☑ 공의 위치를 무릎 사이로 변경하면 더 어려워진다.
☑ 반환점을 돌고 와서 출발선에 있는 친구에게 공을 전달하면 팀 나누기는 간단해지고 난이도는 높아진다.

뻔하지 않은 활동 운영 Tip!
☑ 활동 인원이 적을 경우 발목 사이에 끼워 이어달리기, 무릎 사이에 끼워 이어달리기를 연달아 할 수 있다.
☑ 인원이 적을 경우 한 팀으로 기록 단축 경기를 할 수 있다.

06 데굴데굴 모자 가져오기

- 준 비 물 #공 #접시콘
- 교과연계 #달리기 #차기 #균형잡기
- 기본인원 #4명 이상
- 활동장소 #운동장 #체육관

한 줄 설명 : 공을 발로 드리블한 후 콘을 머리에 쓰고 공 옮기기

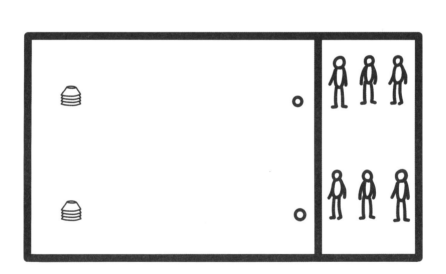

◉ 수업 전 준비해요

▪ 팀 나누기
한 팀당 4~5명씩 구성하는 것을 추천한다.

▪ 준비물
접시콘은 반환점에 팀원 수만큼 쌓아놓는다.
신발을 신고 활동하는 것이 좋다.

◉ 수업 중 이렇게 활동해요

❶ 첫 번째 주자는 공을 발로 드리블하여 반환점으로 간다.

❷ 반환점에서 접시콘 하나를 머리 위에 쓰고 공은 손으로 잡는다. 접시콘이 떨어지지 않게 조심하여 공을 들고 출발선으로 간다.

❸ 접시콘이 머리에서 떨어지면 그 지점부터 다시 시작한다. 주자가 출발선으로 돌아오면 다음 주자는 그 공을 드리블하여 출발한다.

❹ 이를 반복한 후 마지막 주자가 먼저 출발선에 돌아온 팀이 승리!

더 Fun하게 만드는 난이도 조절 Tip!
☑ 출발선과 반환점까지의 거리를 조절한다.
☑ 난이도가 높다면 접시콘을 생략하고 드리블에 집중할 수 있다.

뻔하지 않은 활동 운영 Tip!
☑ 드리블이 어려울 수 있으므로 경기 전 발등으로 공을 드리블하기, 발 안쪽으로 드리블하기 등 공을 다뤄보는 시간을 가지면 좋다.
☑ 공을 발로 차는 게 아닌 굴리면서 갈 수 있도록 지도한다.

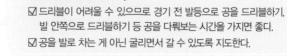

07 공 컬링

- 준 비 물 #공 #원마커
- 교과연계 #굴리기
- 기본인원 #4명 이상
- 활동장소 #운동장 #체육관 #다목적실

한 줄 설명 : 다른 공을 피해 원마커에 가장 가깝게 공 굴리기

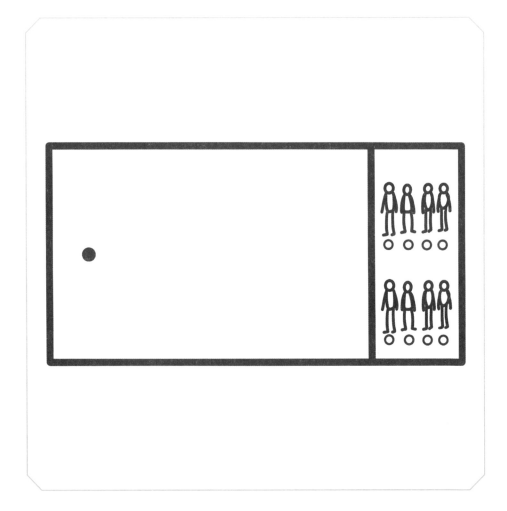

🔅 수업 전 준비해요

■ 팀 나누기
한 팀은 4명씩 구성하며 다른 팀과 한 번씩 만나 활동한다.

■ 준비물
팀원 모두가 각자 자신의 공을 가지고 있어야 하며, 팀 인원이 적을 경우 한 사람이 2개 이상의 공을 가지고 시작할 수 있다.

🔅 수업 중 이렇게 활동해요

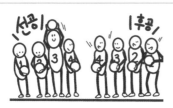

❶ 두 팀이 시작선 뒤에서 팀별로 순서를 정해 번갈아 가며 원마커를 향해 공을 굴린다.

❷ 공이 원마커에 가까이 가는 것을 목표로 하며 공끼리 부딪힐 경우 부딪혀서 움직인 위치가 그 공의 위치가 된다.

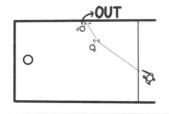

❸ 내가 굴린 공으로 상대편의 공을 밀어낼 수 있으며 밀어낸 공이 벽에 닿을 경우 그 공은 경기장에서 제거한다.

❹ 모든 팀원이 공을 다 굴린 후 원마커에 가장 가까이 있는 공을 굴린 팀이 승리한다.

더 Fun하게 만드는 난이도 조절 Tip!
☑ 공 대신 고리나 접시콘, 닷지비 등을 활용하면 난이도가 낮아진다.
☑ 시작선과 원마커와의 거리를 조절한다.

뻔하지 않은 활동 운영 Tip!
☑ 공에 특별한 표시가 없으므로 자신이 굴린 공을 기억하도록 한다.
☑ 경기 전 공을 천천히, 정확하게 굴려보는 연습을 해본다.

08 뻥 차고 가져오기

- 준 비 물　#공 #콘
- 교과연계　#달리기 #차기
- 기본인원　#8명 이상
- 활동장소　#운동장 #체육관

한 줄 설명 : 상대팀이 멀리 찬 공을 빠르게 가져오기

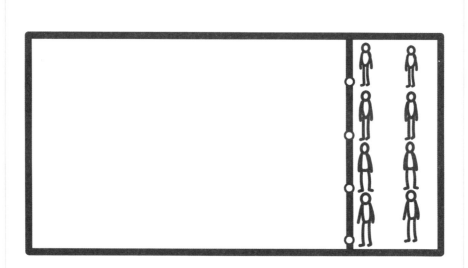

◉ 수업 전 준비해요

■ 팀 나누기
두 팀을 동일한 인원으로 나눈다.

■ 준비물
공격팀 모두가 한번에 공을 찰 수 있을 만큼 넉넉한 수량의 공을 준비한다.

◉ 수업 중 이렇게 활동해요

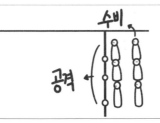	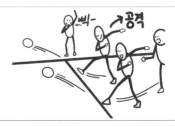
❶ 공격팀은 일정한 간격을 두고 출발선 앞에서 공을 차는 방향을 바라본다. 수비팀은 공격팀 사이사이에 서 있는다.	❷ 교사의 신호와 함께 공격팀은 공을 멀리 찬다. 공격팀은 시간 차이 없이 모두 함께 공을 차야 한다.

❸ 공격팀이 공을 차는 순간 수비팀은 공격팀이 찬 공을 각자 1개씩만 주워서 다시 출발선으로 온다.	❹ 출발선으로 온 수비팀은 제자리에서 공을 머리 위에 올리고 앉는다. 모든 수비팀이 앉으면 경기가 종료된다.

더 Fun하게 만드는 난이도 조절 Tip!
☑ 공격팀이 공을 차고 일정한 시간이 지난 후 가지러 가면 좀 더 공을 멀리 보낼 수 있다.

뻔하지 않은 활동 운영 Tip!
☑ 교사가 두 팀의 경기 소요 시간을 체크하여 더 빨리 공을 가져온 팀이 승리하도록 할 수 있다.

09 릴레이 패스 게임

- 준 비 물 #공 #원마커
- 교과연계 #던지기 #잡기
- 기본인원 #4명 이상
- 활동장소 #운동장 #체육관 #다목적실

한 줄 설명 : 공을 친구에게 정확하게 던져서 도착점까지 옮기기

◉ 수업 전 준비해요

■ 팀 나누기
한 팀당 4~6명으로 구성하며 인원이 부족한 팀은 1명이 한 번 더 한다.

■ 준비물
공은 가벼운 탱탱볼을 추천하며 팀 개수만큼 준비한다. 원마커로 학생의 위치를 표시해주는 것이 좋다.

◉ 수업 중 이렇게 활동해요

❶ 팀별로 순서를 정하여 원마커에 일정한 간격을 두고 일렬로 서 있는다.	❷ 시작과 함께 첫 주자는 뒤에 서 있는 팀원에게 공을 던져준다. 공을 받은 팀원은 몸을 돌려 다음 팀원에게 공을 던져준다.

❸ 던진 공을 친구가 받지 못하여 바닥에 떨어진 경우 던진 친구가 주워 다시 던진다.	❹ 마지막 주자까지 공을 받으면 같은 방법으로 다시 첫 주자까지 공을 던진다. 가장 먼저 첫 주자에게 공이 돌아온 팀이 승리한다.

더 Fun하게 만드는 난이도 조절 Tip!
☑ 원마커의 거리가 멀수록 난이도가 높아진다.
☑ 한번에 패스하기 어렵다면 바운드를 이용한 패스를 활용한다.

뻔하지 않은 활동 운영 Tip!
☑ 경기 전 패스를 잘할 수 있는 방법에 대해 설명해주는 것이 좋다.(예시 – 아래에서 위로 포물선을 그려주면서 던지기)

10 공 뺏기 게임

■ 준 비 물   #공 #훌라후프
■ 교과연계   #달리기 #잡기
■ 기본인원   #4명 이상
■ 활동장소   #운동장 #체육관 #다목적실

한 줄 설명 : 훌라후프에 있는 공을 자신의 구역으로 3개 옮기기

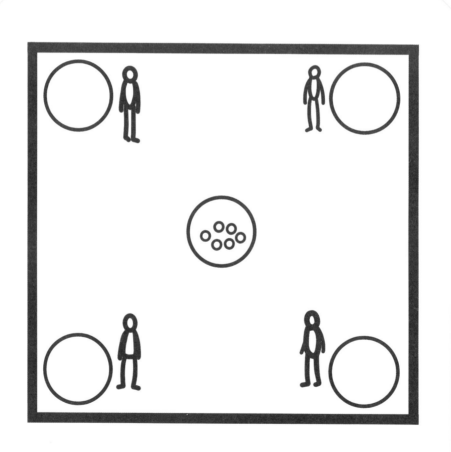

🔆 수업 전 준비해요

■ 팀 나누기
비슷한 운동 수준의 학생 4명이 함께 경기하는 것이 좋다.

■ 준비물
부드럽고 작은 공을 추천하며 4명 기준 6개의 공을 사용한다.

🔆 수업 중 이렇게 활동해요

❶ 가운데 훌라후프에는 6개의 공이 들어있으며 4명은 동일한 간격을 두고 각자 자신의 훌라후프 앞에 선다.	❷ 시작 신호와 함께 가운데 훌라후프에 있는 공을 주워 자신의 훌라후프 안에 넣는다. 공은 한 번에 한 개만 가져갈 수 있다.

❸ 가운데에 있는 훌라후프 또는 친구의 훌라후프에 있는 공을 가져올 수 있으며 손에 들고 있는 공은 뺏을 수 없다.	❹ 3개의 공을 먼저 자신의 훌라후프에 모으면 승리한다.

더 Fun하게 만드는 난이도 조절 Tip!
☑ 훌라후프 사이의 거리를 조절한다.
☑ 공을 잡는 게 어렵다면 팀조끼, 콩주머니 등을 활용할 수 있다.

뻔하지 않은 활동 운영 Tip!
☑ 공은 굴러다닐 수 있으므로 던지지 않고 살짝 놓을 수 있도록 한다.
☑ 훌라후프는 옮길 수 없으며 항상 일정한 간격을 유지한다.

memo

원마커

원마커는 주로 활동 중 학생들의 자리를 표시하거나 경기장의 구역을 나눌 때 사용한다. 직관적으로 위치를 표시할 수 있기 때문에 저학년의 줄서기, 대형 바꾸기 등에 자주 사용한다. 가볍고, 밟았을 때 다른 교구보다 다칠 위험이 적어 실외 · 실내 상관없이 모든 활동에서 활용도가 높다. 색깔이 다양하여 팀을 표시하거나 팀을 나눌 때도 자주 활용하며 숫자가 적힌 원마커를 이용하여 다양한 활동을 할 수 있다.

01 자리를 지켜라

- **준 비 물** #원마커
- **교과연계** #달리기
- **기본인원** #10명 이상
- **활동장소** #운동장 #체육관 #다목적실

한 줄 설명 : 술래가 외친 색깔의 원마커 위에 있는 사람 빼고 자리 옮기기

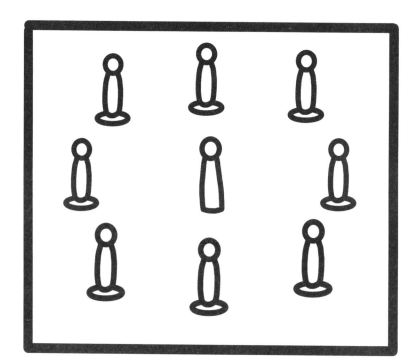

☀ 수업 전 준비해요

▪ 팀 나누기
술래를 한 명 뽑는다.

▪ 준비물
원마커는 다양한 색깔로 준비하며, 학급 인원 수보다 1개 적게 준비한다.

☀ 수업 중 이렇게 활동해요

❶ 술래를 제외하고 모두 원마커 위에 선다.	❷ 술래는 원마커 색깔 중 하나를 외친다.

❸ 술래가 외친 색깔의 원마커 위에 있는 친구는 제자리에 서있고, 해당 색깔이 아닌 원마커 위에 서있는 친구는 재빨리 다른 원마커로 자리를 옮긴다.	❹ 술래도 재빨리 빈 원마커를 찾아가고, 자리를 찾지 못한 친구가 다음 술래를 이어간다.

더 Fun하게 만드는 난이도 조절 Tip!
☑ 색깔을 두 개 이상 말한다.
☑ 자리를 옮길 때 한발뛰기, 두발뛰기 등 다양한 방법을 활용한다.

뻔하지 않은 활동 운영 Tip!
☑ 술래가 색깔을 외칠 때 다함께 외칠 수 있도록 지도한다.
☑ 자리를 옮길 때 부딪히지 않도록 주의하며 동시에 자리를 차지한 경우 가위바위보로 결정한다.

둥글게 둥글게 색깔 찾기

- 준 비 물   #원마커
- 교과연계   #걷기
- 기본인원   #6명 이상
- 활동장소   #운동장 #체육관 #다목적실

한 줄 설명 : 음악에 맞춰 원마커 주위를 돌다 색깔 찾아가기

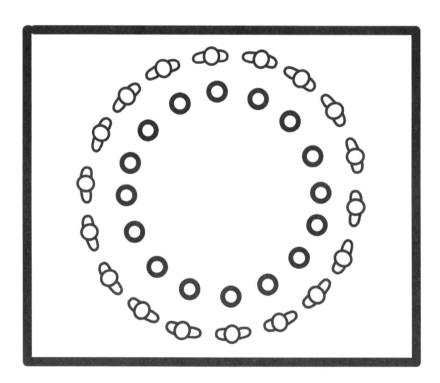

수업 전 준비해요

■ 팀 나누기
술래나 팀 없이 학급 전체가 참여한다.

■ 준비물
다양한 색깔의 원마커를 학생 수만큼 충분히 준비하여 큰 원 모양으로 배치한다.

수업 중 이렇게 활동해요

❶ 원마커로 큰 원을 만들고, 다함께 음악에 맞춰 원마커 주위를 돈다.

❷ 교사가 휘슬을 불고 원마커 색깔 중 하나를 외친다.

❸ 빠르게 해당 색깔의 원마커를 찾아가 그 위에 선다.

❹ 해당 색깔의 원마커 위에 서지 못한 친구는 미션을 수행한다.
(예시 – 빠르게 체육관 벽 찍고 오기, 팔벌려 뛰기 10개하기, 개구리 흉내내기 등)

더 Fun하게 만드는 난이도 조절 Tip!
☑ 음악에 맞춰 율동을 추가한다.
☑ 음악에 맞춰 원을 돌 때 미션을 수행한다.
(예시 – 반대로 돌기, 제자리에서 돌기, 옆 친구와 팔짱끼고 제자리 돌기 등)

뻔하지 않은 활동 운영 Tip!
☑ 교사 대신 한 학생을 지목하여 색깔을 외치도록 할 수 있다.
☑ 친구를 밀치거나 몸싸움을 하지 않도록 지도한다.

03 신속배달 피자 달리기

- ■ 준 비 물 #원마커 #라바콘
- ■ 교과연계 #달리기 #균형잡기
- ■ 기본인원 #6명 이상
- ■ 활동장소 #운동장 #체육관 #다목적실

한 줄 설명 : 손 위의 원마커를 떨어뜨리지 않고 달리기

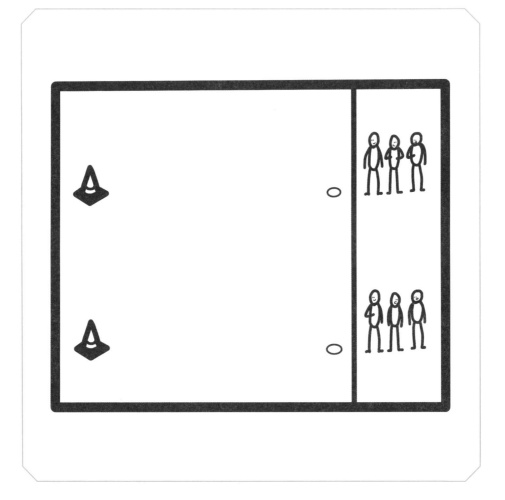

⬤ 수업 전 준비해요

■ 팀 나누기
두 팀으로 나눈다.

■ 준비물
원마커와 라바콘은 팀 개수만큼 준비한다.

⬤ 수업 중 이렇게 활동해요

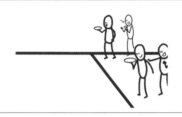

❶ 각 팀은 달릴 순서를 정해 출발선 뒤에 일렬로 선다.

❷ 출발신호가 울리면 첫 번째 주자는 손바닥 위에 원마커를 올리고 반환점을 향해 달린다.

❸ 반환점을 돌아 출발선에 오면 우리 팀 다음 주자에게 원마커를 넘겨주고, 다음 주자는 같은 방법으로 이어달리기를 진행한다.

❹ 원마커를 떨어뜨리면 그 자리에서 주워 다시 달리기를 이어간다. 더 빠르게 도착한 팀이 승리한다.

더 Fun하게 만드는 난이도 조절 Tip!
☑ 달리는 거리를 길게 하거나 짧게 한다.
☑ 원마커를 손바닥 말고 손가락 위에 올리도록 한다.

뻔하지 않은 활동 운영 Tip!
☑ 원마커를 옮겨줄 때와 떨어뜨렸을 때를 제외하고는 두 손으로 잡을 수 없다.

04 징검다리를 이어줘

- 준 비 물   #원마커 #라바콘
- 교과연계   #두발뛰기
- 기본인원   #8명 이상
- 활동장소   #운동장 #체육관 #다목적실

한 줄 설명 : 짝꿍이 길을 건너가도록 원마커로 징검다리 놓아주기

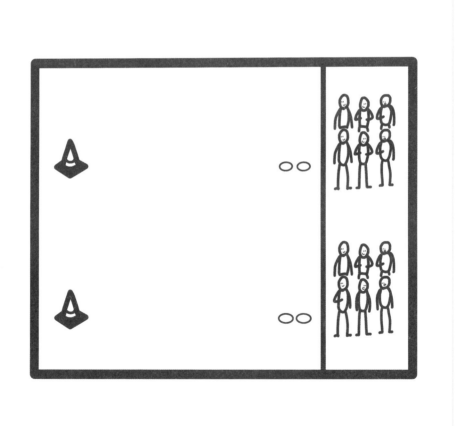

☀ 수업 전 준비해요

■ 팀 나누기
두 팀으로 나눈다. 팀을 나눴다면 팀 내에서 두 명씩 짝을 지어준다.

■ 준비물
한 팀당 원마커는 2개, 라바콘은 1개 준비한다.

☀ 수업 중 이렇게 활동해요

❶ 두 팀으로 나누고, 팀원끼리 2인 1조로 짝을 지어 출발선 뒤에 일렬로 서서 준비한다.

❷ 출발 신호가 울리면 징검다리를 놓는 친구는 원마커 두개를 놓고, 징검다리를 건너는 친구는 원마커 위로 두발로 뛰어 착지한다.

❸ 더 이상 앞으로 갈 원마커가 없다면 징검다리를 놓는 친구는 뒤에 있는 원마커를 앞으로 옮겨서 다시 징검다리를 놓아준다.

❹ 반환점에 도착하면 징검다리 역할과 건너는 역할을 바꿔 다시 출발선으로 돌아온다. 마지막 주자까지 반복해서 먼저 출발선에 도착하는 팀이 승리한다.

더 Fun하게 만드는 난이도 조절 Tip!
☑ 원마커를 3개 이상 사용한다.
☑ 출발선과 반환점 사이의 거리를 조절한다.

뻔하지 않은 활동 운영 Tip!
☑ 원마커를 넓게 배치하면 빨리 목적지에 도달할 수 있으나 건너는 친구가 건널 수 있는 거리로 배치해야함을 이해하도록 한다.
☑ 원마커를 놓고 있을 때 그 위로 뛰면 다칠 수 있으니 주의한다.

05 깡충깡충 색깔 건너기

- 준 비 물 #원마커
- 교과연계 #두발뛰기 #점프하여 착지하기
- 기본인원 #2명 이상
- 활동장소 #운동장 #체육관 #다목적실

한 줄 설명 : 색깔을 뽑아 해당 색깔의 원마커만 밟고 건너기

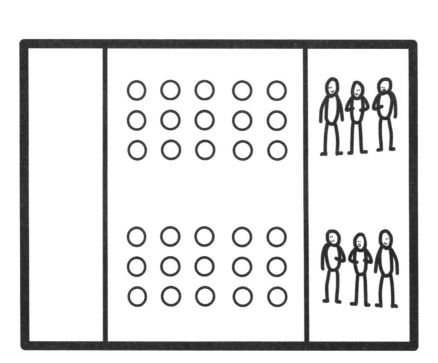

◉ 수업 전 준비해요

■ 팀 나누기
두 팀으로 나눈다.

■ 준비물
원마커는 한 팀당 15개가 필요하며 다양한 색깔로 총 30개를 준비한다. 뽑기를 위해 원마커 색깔이 적힌 종이도 준비한다.

◉ 수업 중 이렇게 활동해요

❶ 다양한 색깔의 원마커를 5x3 대형으로 배치한다. 각 팀의 첫 번째 주자는 원마커의 색깔이 적힌 종이를 뽑는다.	❷ 주자들은 종이에 적힌 색깔의 원마커만 밟고 반대편으로 이동한다.

❸ 다른 원마커를 밟거나 뽑은 색깔의 원마커로 반대편을 가지 못한 경우 다시 돌아와 종이를 다시 뽑고 이동한다.	❹ 첫 번째 주자가 반대편에 도착하면 두 번째 주자가 종이를 뽑고 출발한다. 마지막 주자까지 먼저 도착한 팀이 승리한다.

더 Fun하게 만드는 난이도 조절 Tip!
☑ 원마커의 간격을 조절한다.
☑ 원마커의 개수를 늘린다.

뻔하지 않은 활동 운영 Tip!
☑ 원마커는 두 팀 모두 동일하게 배치한다.
☑ 무리하여 건너다 넘어지지 않도록 유의한다.

06 둥글게 둥글게

- 준 비 물 #원마커
- 교과연계 #걷기 #달리기
- 기본인원 #10명 이상
- 활동장소 #운동장 #체육관

한 줄 설명 : 둥글게 둥글게 음악에 맞춰 원을 돌다 원마커 위에 올라가기

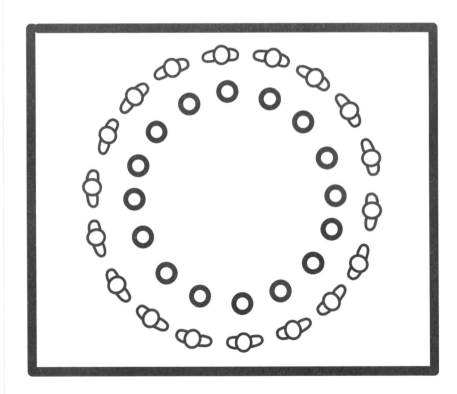

◎ 수업 전 준비해요

▪ 팀 나누기
술래 없이 다함께 활동한다.

▪ 준비물
원마커는 인원수보다 조금 적게 준비한다.

◎ 수업 중 이렇게 활동해요

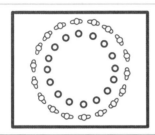	
❶ 원마커로 큰 원을 만들고 모두 큰 원 바깥에 선다.	❷ 모두 함께 '둥글게 둥글게' 동요를 부르며 원을 돈다.

❸ 교사가 휘슬을 불면 모두 빈 원마커를 찾아 원마커 위에 올라간다.	❹ 원마커 위에 올라가지 못한 친구들은 아웃이 되며 인원수보다 원마커를 조금씩 줄이면서 활동을 이어간다.

더 Fun하게 만드는 난이도 조절 Tip!
☑ 원을 돌 때, 박수치기나 제자리에서 돌기 등 미션을 추가한다.
☑ 원마커를 원 가운데 쪽에도 배치하여 많이 움직일 수 있도록 한다.

뻔하지 않은 활동 운영 Tip!
☑ 원마커 위에 두 명이 동시에 올라간 경우 가위바위보를 한다.

07

하나, 둘 원마커 옮기기

- **준 비 물**   #원마커 #라바콘
- **교과연계**   #두발뛰기 #달리기
- **기본인원**   #2명 이상
- **활동장소**   #운동장 #체육관 #다목적실

한 줄 설명 : 원마커 3개를 이용하여 도착선까지 이동하기

● 수업 전 준비해요

■ 팀 나누기

두 팀으로 나눈다. 인원이 많다면 3~4팀으로 운영할 수 있다.

■ 준비물

한 팀당 원마커 3개와 라바콘 1개를 준비한다.

● 수업 중 이렇게 활동해요

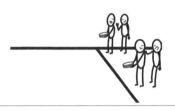	
❶ 각 팀은 출발선에 순서대로 일렬로 서고 첫 번째 주자는 원마커 3개를 가진다.	❷ 출발선 앞에 원마커를 2개를 두고 두 발로 원마커를 한 개씩 밟는다. 나머지 1개의 원마커는 2개의 원마커 앞에 놓는다.

❸ 앞에 놓은 1개의 원마커로 두발로 점프하여 밟고 뒤에 있는 2개의 원마커를 손으로 잡아 앞으로 옮긴다. 이를 반복하여 반환점까지 이동한다.	❹ 반환점에 온 주자는 원마커 3개를 손으로 잡아 출발선으로 뛰어서 돌아간다. 다음 주자는 원마커를 받아 동일한 방법으로 이동한다. 마지막 주자까지 먼저 들어온 팀이 승리한다.

더 Fun하게 만드는 난이도 조절 Tip!
☑ 출발선과 반환점 사이의 간격을 조절한다.
☑ 반환점을 돌고 원마커를 들고 오기 어려운 경우 반환점을 도착선으로 바꾸어 운영한다.

뻔하지 않은 활동 운영 Tip!
☑ 시작할 때 원마커 1개를 먼저 두고 나머지 2개를 앞으로 옮기는 방법으로 시작해도 된다.
☑ 원마커를 멀리 놓아도 되지만 뒤에 있는 원마커를 주울 때 어려울 수 있다는 것을 안내한다.

08 코끼리코 중심 잡기

- 준 비 물 #원마커
- 교과연계 #돌기 #균형잡기
- 기본인원 #2명 이상
- 활동장소 #운동장 #체육관 #다목적실

한 줄 설명 : 코끼리코를 돌고 원마커 위에 서기

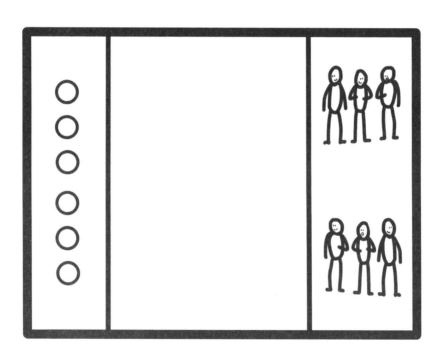

🔘 수업 전 준비해요

■ 팀 나누기
술래 없이 다함께 활동한다.

■ 준비물
원마커는 인원수보다 1~2개 적게 준비한다.

🔘 수업 중 이렇게 활동해요

❶ 모든 학생은 출발선 뒤에서 친구들과 여유 있게 간격을 넓혀 서고, 도착선에 원마커를 인원수보다 적게 둔다.

❷ 학생들은 교사의 신호에 코끼리코를 5번 돈다.

❸ 코끼리코를 다 돌았다면 도착선에 있는 원마커 중 빈 원마커를 찾아 위에 선다.

❹ 원마커 위에 못 서면 아웃이 되고, 원마커의 개수를 줄여 활동을 이어간다.

더 Fun하게 만드는 난이도 조절 Tip!
☑ 코끼리코를 도는 개수를 조절한다.
☑ 원마커 위에 설 때 미션을 준다.
　(예시 – 양 팔 벌리고 서기, 한 발로 서기, 닭싸움 자세로 서기 등)

뻔하지 않은 활동 운영 Tip!
☑ 코끼리코를 돌 때 서로 부딪히지 않게 유의한다.
☑ 원마커 사이는 충분히 거리를 둔다.

09 달팽이 게임

- 준 비 물 #원마커
- 교과연계 #두발뛰기
- 기본인원 #6명 이상
- 활동장소 #운동장 #체육관 #다목적실

한 줄 설명 : 원마커 위를 콩콩 뛰어 앞으로 가서 만난 친구와 가위바위보 하기

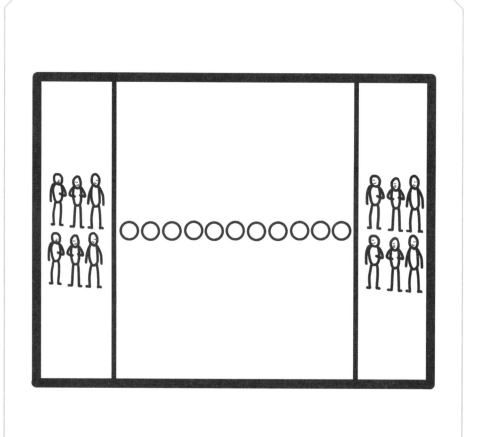

◉ 수업 전 준비해요

■ 팀 나누기
두 팀으로 나눈다.

■ 준비물
원마커는 많을수록 좋으며 활동을 하면서 조절한다.

◉ 수업 중 이렇게 활동해요

❶ 원마커를 일렬로 길게 배치하고 원마커의 양 끝에는 각 팀이 일렬로 대기한다. 각 팀의 첫 번째 주자는 원마커 위를 두발로 콩콩 뛰면서 건넌다.

❷ 원마커를 건너던 중 상대팀과 만나면 가위바위보를 한다. 가위바위보에서 진 친구는 본인 팀 맨 뒤로 이동하며 진 팀의 다음 주자는 바로 출발한다.

❸ 가위바위보에서 이긴 친구는 계속 앞으로 전진하고 상대팀 다음 주자를 만나면 다시 가위바위보 한다.

❹ 주자가 상대팀의 원마커 끝까지 이동한 경우 승리한다. 경기를 해보지 못한 주자가 있다면 그 친구부터 다시 활동을 시작한다.

더 Fun하게 만드는 난이도 조절 Tip!
☑ 원마커의 개수를 조절한다.
☑ 가위바위보에서 진 경우 바로 돌아가지 않고 원마커 옆에 앉아서 대기하다 우리 팀 친구가 지나가며 터치하면 부활하여 다시 팀 뒤로 갈 수 있다.

뻔하지 않은 활동 운영 Tip!
☑ 원마커의 배치는 일렬이 아닌 ㄷ자, ㄱ자, S자 등으로 변경 가능하다.

10 코코 게임

- 준 비 물　#원마커
- 교과연계　#달리기 #술래잡기
- 기본인원　#10명 이상
- 활동장소　#운동장 #체육관

한 줄 설명 : 팀원과 협동하여 방향전환하며 술래잡기 하기

◉ 수업 전 준비해요

■ 팀 나누기
술래팀과 도망팀으로 나누고 술래팀에선 첫 술래 한 명을 먼저 뽑는다.

■ 준비물
한 팀의 인원수만큼 원마커를 준비한다.

◉ 수업 중 이렇게 활동해요

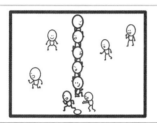

❶ 경기장 가운데에 원마커를 세로로 길게 놓는다. 술래 1명을 제외한 나머지는 원마커 위에 왼쪽, 오른쪽 방향으로 번갈아 앉아있는다. 도망팀은 술래를 피해 경기장에 퍼져 돌아다니며 술래는 도망팀을 잡으러 다닌다.

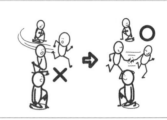

❷ 술래는 원마커 사이를 이동할 수 없으며 원마커 줄을 기준으로 경기장의 한쪽 면에서만 움직일 수 있다. 도망팀은 경기장 가운데에 있는 원마커 사이를 포함하여 경기장을 자유롭게 이동할 수 있다.

❸ 술래는 앉아있는 술래팀의 등을 터치하여 술래를 바꿀 수 있고, 등을 밀린 친구는 술래가 되어 그 방향의 경기장에 들어간다. 술래가 바뀌었다면 전 술래는 빈 원마커 위에 앉는다.

❹ 술래와 마주보고 있는 술래팀과는 술래를 바꿀 수 없다. 모든 도망팀을 잡으면 역할을 바꿔 다시 활동한다.

더 Fun하게 만드는 난이도 조절 Tip!
☑ 경기장의 크기를 조절한다.

뻔하지 않은 활동 운영 Tip!
☑ 술래팀이 술래를 바꿀 때 터치할 때 살며시 등을 밀거나 터치하여 다치지 않도록 유의한다.
☑ 1~2명의 친구가 주도적으로 이끌기보다 술래를 자주 바꿔 협력해야 더 쉽게 도망팀을 잡을 수 있다는 것을 이해하도록 한다.

memo

훌라후프

훌라후프는 원래 허리 같은 신체 부위에 둘러 빙빙 돌리는 놀이에 쓰이지만, 수업 현장에서는 가볍고, 속이 비어있는 큰 원 모양의 특징을 이용하여 다른 용도로 쓰이곤 한다. 훌라후프로 구역을 표시하거나 훌라후프 안에 활동 교구를 보관하는 용도로도 쓰이며 훌라후프 통과하기, 굴리기, 넘기 등 다양한 방법으로도 쓰인다.

01 훌라후프 얼음땡

■ 준 비 물 #훌라후프 #팀조끼
■ 교과연계 #달리기 #술래잡기
■ 기본인원 #6명 이상
■ 활동장소 #운동장 #체육관

한 줄 설명 : 훌라후프를 활용하여 얼음땡 술래잡기 하기

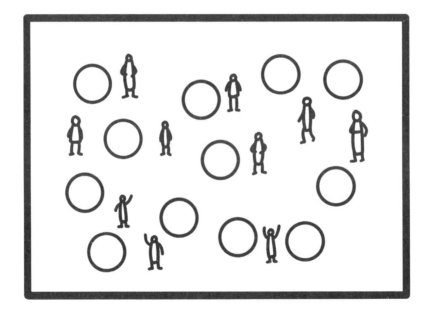

수업 전 준비해요

▪ 팀 나누기
술래 1~2명을 정한다.
(20명 기준 술래 2명 추천)

▪ 준비물
훌라후프 5~10개를 경기장에 무작위로 펼친다. 술래는 팀조끼로 구분하면 좋다.

수업 중 이렇게 활동해요

❶ 경기장에 술래와 도망가는 친구들 모두 들어간다. 술래는 도망가는 친구를 터치하여 아웃시킨다.

❷ 도망가는 친구들은 술래를 피해 도망치거나 훌라후프 안으로 숨을 수 있다. 단, 한 개의 훌라후프 안에는 한 명만 들어갈 수 있다.

❸ 술래는 훌라후프 안에 숨은 친구를 아웃시킬 수 없으며 숨은 친구들은 도망가는 친구들과의 하이파이브를 통해 다시 훌라후프 밖으로 나올 수 있다.

❹ 술래가 훌라후프 밖에 있는 모든 친구들을 아웃시키면 게임이 끝난다.

더 Fun하게 만드는 난이도 조절 Tip
☑ 경기장의 크기나 훌라후프의 개수를 조절한다.
☑ 훌라후프의 개수가 줄어들수록, 술래가 많아질수록 난이도가 높아진다.

뻔하지 않은 활동 운영 Tip!
☑ 훌라후프 개수를 줄이고 한 훌라후프에 2~3명이 들어갈 수 있도록 규칙을 수정하여 활동할 수 있다.
☑ 훌라후프를 옮기거나 발로 차지 않도록 지도한다.

징검다리 건너기

- ■ 준 비 물   #홀라후프
- ■ 교과연계   #한발뛰기 #두발뛰기
- ■ 기본인원   #6명 이상
- ■ 활동장소   #운동장 #체육관 #다목적실

한 줄 설명 : 한발뛰기와 두발뛰기로 홀라후프 징검다리 건너기

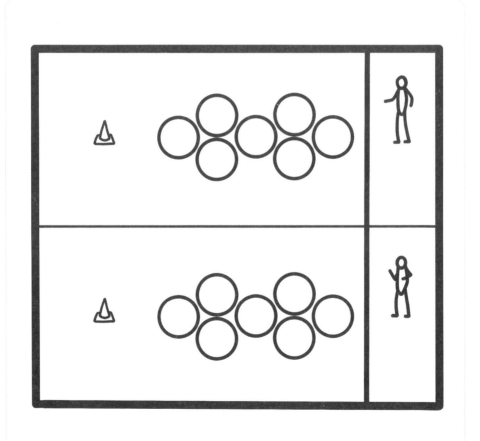

◉ 수업 전 준비해요

▪ 팀 나누기
두 팀으로 나눈다.

▪ 준비물
한 팀당 훌라후프 7개와 라바콘 1개를 준비한다.
출발선과 반환점을 콘으로 표시해주면 좋다.

◉ 수업 중 이렇게 활동해요

❶ 출발선에 각 팀의 첫 번째 주자가 서있고 나머지는 주자는 뒤에서 순서대로 대기한다.	❷ 주자는 뛰어가서 1-2-1-2-1 모양으로 된 훌라후프 징검다리 안을 차례대로 밟는다.

❸ 한 개의 훌라후프는 한 발 또는 두 발로 밟을 수 있고, 훌라후프 두 개를 양발로 동시에 밟아도 된다.	❹ 징검다리를 지난 주자는 반환점을 돌아 다시 징검다리를 건너 출발선으로 돌아온다. 다음 주자가 이어서 징검다리를 건너고 마지막 주자까지 먼저 들어온 팀이 승리!

더 Fun하게 만드는 난이도 조절 Tip

☑ 훌라후프의 개수를 조절한다.
☑ 한 훌라후프 안에 한 발만 들어가도록 한다.

뻔하지 않은 활동 운영 Tip!

☑ 징검다리 훌라후프를 2개를 한꺼번에 들어가지 않아도 되지만 2개를 한꺼번에 들어가는 것이 빠르다는 것을 이해하도록 한다.
☑ 훌라후프를 밟지 않도록 조심히 활동한다.

03 협동 훌라후프 옮기기

- 준 비 물　#훌라후프
- 교과연계　#비틀기 #모양바꾸기
- 기본인원　#10명 이상
- 활동장소　#운동장 #체육관 #다목적실

한 줄 설명 : 팀원 모두가 손을 잡고 몸에서 몸으로 훌라후프 옮기기

◉ 수업 전 준비해요

■ 팀 나누기
두 팀으로 나눈다.

■ 준비물
훌라후프는 팀당 1개씩 준비한다.

◉ 수업 중 이렇게 활동해요

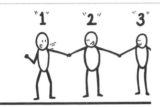

❶ 각 팀원들은 서로 손을 잡고 일렬로 나란히 선다. 첫 번째 팀원은 오른손, 마지막 팀원은 왼손이 팀원의 손을 잡지 않은 상태로 시작한다.

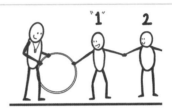

❷ 교사는 첫 번째 팀원에게 훌라후프를 건넨다. 첫 번째 팀원은 오른손으로 훌라후프를 잡고 자신의 목이나 어깨에 걸친다.

❸ 첫 번째 팀원은 팀원과 손을 잡은 상태로 몸을 움직여 훌라후프를 다음 팀원에게 옮긴다. 첫 번째 팀원은 오른손으로 훌라후프를 옮길 수 없다.

❹ 손을 놓지 않은 상태로 몸을 이용하여 마지막 팀원의 왼손에 훌라후프가 먼저 도착한 팀이 승리한다.

더 Fun하게 만드는 난이도 조절 Tip
☑ 훌라후프 1개가 절반을 지날 때 1개를 더 추가한다.

뻔하지 않은 활동 운영 Tip!
☑ 전체 학생이 기록 단축을 목표로 활동할 수 있다.

04 협동 훌라후프 달리기

■ 준 비 물   #훌라후프 #라바콘
■ 교과연계   #달리기
■ 기본인원   #4인 이상
■ 활동장소   #운동장 #체육관 #다목적실

한 줄 설명 : 두 명이 훌라후프를 잡고 협동 달리기하기

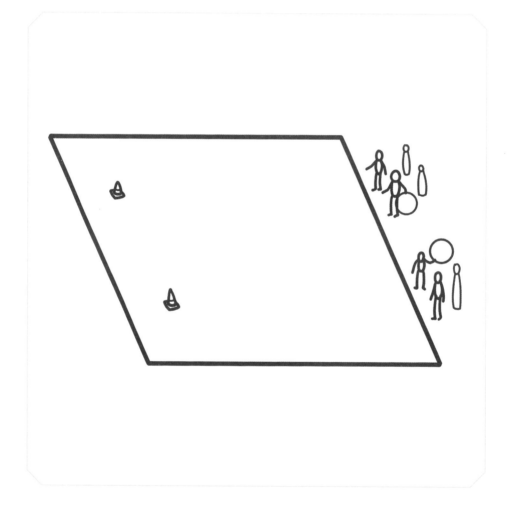

◉ 수업 전 준비해요

■ 팀 나누기
두 팀으로 나눈다. 한 팀 내에서 2인 1조로 짝을 짓는다.

■ 준비물
훌라후프와 라바콘은 한 팀당 1개씩 준비한다.

◉ 수업 중 이렇게 활동해요

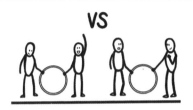

❶ 각 팀의 첫 번째 주자 2명은 훌라후프를 함께 잡고 출발선에 선다.

❷ 주자들은 훌라후프를 잡은 상태로 반환점을 돌아 출발선으로 돌아온다.

❸ 훌라후프는 팀원 둘이 꼭 잡고 있어야 하며 놓친 경우 뒤쪽에 있는 팀원 자리에서 다시 시작한다.

❹ 출발선으로 돌아온 주자는 훌라후프를 다음 주자에게 넘긴다. 마지막 주자까지 먼저 들어온 팀이 승리한다.

더 Fun하게 만드는 난이도 조절 Tip
☑ 3~4명이 짝을 지어 협동 달리기를 한다.
☑ 훌라후프 안에 팀원 1명이 들어가 협동 달리기를 한다.

뻔하지 않은 활동 운영 Tip!
☑ 출발선에서 이전 주자와 다음 주자끼리 부딪히지 않게 지도한다.
☑ 주자들은 혼자 빠르게 가는 것보다 팀원과 속도를 맞춰서 가는 것이 유리하다는 것을 이해할 수 있도록 지도한다.

05 아슬아슬 훌라후프 달리기

- 준 비 물 #훌라후프 #라바콘
- 교과연계 #걷기 #달리기
- 기본인원 #4명 이상
- 활동장소 #운동장 #체육관 #다목적실

한 줄 설명 : 팀원 두 명이 손을 쓰지 않고 허리에 훌라후프를 끼고 달리기

● 수업 전 준비해요

■ 팀 나누기
두 팀으로 나눈다. 한 팀 내에서 2인 1조로 조를 구성하되, 비슷한 신장의 친구가 같은 조가 되는 것이 좋다.

■ 준비물
훌라후프와 라바콘은 한 팀당 1개씩 준비한다.

● 수업 중 이렇게 활동해요

❶ 첫 번째 주자들은 훌라후프 안으로 들어가 앞뒤로 한 명씩 서서 출발선에서 대기한다.	❷ 주자들은 훌라후프를 허리로 올린 후 훌라후프에 몸을 바짝 붙여 훌라후프가 공중에 떠있을 수 있도록 한다.

❸ 주자들은 손을 놓은 상태로 훌라후프가 떨어지지 않게 조심하여 반환점을 돌고 온다. 훌라후프가 떨어지면 그 자리에서 다시 시작한다.	❹ 첫 번째 주자가 돌아오면 다음 주자에게 훌라후프를 건네 이어서 경기한다. 마지막 주자까지 먼저 들어온 팀이 승리한다.

더 Fun하게 만드는 난이도 조절 Tip
☑ 출발선과 반환점과의 거리를 조절한다.
☑ 활동 전에 훌라후프를 미리 나눠줘서 충분히 연습할 시간을 갖는다.

뻔하지 않은 활동 운영 Tip!
☑ 발이 꼬이지 않도록 주의하며 손은 팔짱을 끼거나 머리 위로 올려 중심을 잡는다.
☑ 주자들이 모두 출발선으로 돌아와야 다음 주자에게 훌라후프를 건넬 수 있다.

06 데굴데굴 훌라후프 달리기

- 준 비 물 #훌라후프 #라바콘
- 교과연계 #달리기 #던지기
- 기본인원 #6명 이상
- 활동장소 #체육관

한 줄 설명 : 훌라후프를 굴리고 굴린 훌라후프 들고 돌아오기

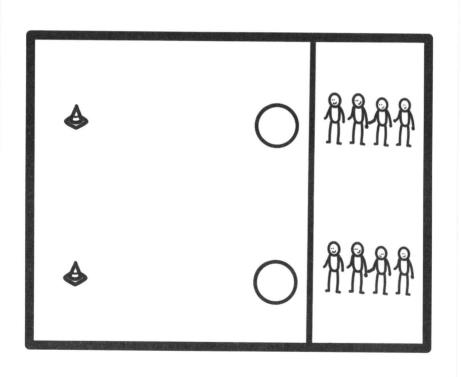

✺ 수업 전 준비해요

■ 팀 나누기
두 팀으로 나눈다.

■ 준비물
라바콘은 2개를 준비하고, 훌라후프는 팀당 1개를 준비한다.

✺ 수업 중 이렇게 활동해요

❶ 각 팀의 첫 번째 주자는 출발선에서 훌라후프를 라바콘 사이로 굴린다.

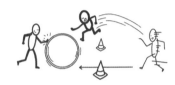

❷ 훌라후프가 라바콘 사이를 통과하면 주자는 훌라후프가 있는 곳으로 뛰어가 훌라후프 안에 들어가서 훌라후프를 잡고 돌아온다.

❸ 훌라후프가 라바콘을 통과하지 못하고 그 전에 넘어진다면 주자는 빠르게 훌라후프 안에 들어가서 훌라후프를 잡고 라바콘을 돌아 출발선으로 돌아온다.

❹ 첫 번째 주자가 출발선으로 돌아오면 다음 주자는 훌라후프를 받아 같은 방법으로 활동한다. 마지막 주자까지 먼저 들어온 팀이 승리!

더 Fun하게 만드는 난이도 조절 Tip
☑ 라바콘 사이의 간격과 라바콘, 출발선 사이의 간격을 조절한다.
☑ 활동을 하기 전에 훌라후프를 멀리 굴리는 연습을 한다.

뻔하지 않은 활동 운영 Tip!
☑ 훌라후프가 굴러서 라바콘을 많이 지나지 않게 라바콘 사이에서 교사나 학생들이 굴러가는 훌라후프를 잡아준다.
☑ 훌라후프가 멈춘 후 주자가 움직일 수 있도록 지도한다.

07 훌라후프 큐브

- 준 비 물 #훌라후프 #팀조끼
- 교과연계 #달리기
- 기본인원 #6명 이상
- 활동장소 #운동장 #체육관 #다목적실

한 줄 설명 : 훌라후프의 모든 가로줄이 같은 색깔의 팀조끼가 되도록 팀조끼 옮기기

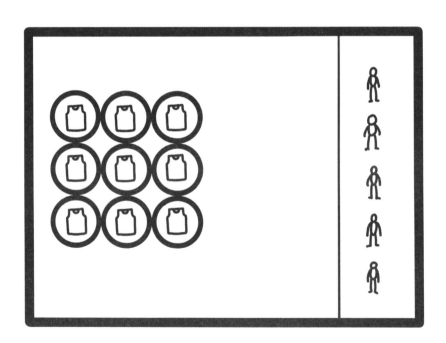

● 수업 전 준비해요

■ 팀 나누기
두 팀으로 나눈다.

■ 준비물
한 팀당 훌라후프 9개와 세 가지 색깔의 팀조끼를 각각 3개씩, 총 9개를 준비한다.

● 수업 중 이렇게 활동해요

	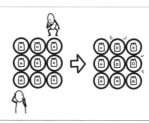
❶ 각 팀 앞에 훌라후프를 3x3으로 배열하고 그 안에는 9개의 팀조끼를 무작위로 놓는다.	❷ 각 팀의 첫 번째 주자는 훌라후프를 향해 뛰어와 같은 색깔의 팀조끼가 가로줄로 모이도록 팀조끼 2개의 위치를 맞바꾼다.
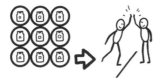	
❸ 팀조끼 위치를 바꿨다면 다시 출발선으로 돌아와 다음 주자와 하이파이브하여 배턴터치한다. 다음 주자도 같은 방법으로 팀조끼 2개의 위치를 맞바꾼다.	❹ 모든 가로줄이 같은 색깔의 팀조끼 3개가 모이도록 먼저 배열한 팀이 승리한다.

더 Fun하게 만드는 난이도 조절 Tip
☑ 배열을 4x4, 5x5로 바꾼다.

뻔하지 않은 활동 운영 Tip!
☑ 한번 잡은 팀조끼는 다시 내려둘 수 없고 반드시 다른 팀조끼와 바꿔야 한다.
☑ 팀조끼 이외에 콩주머니, 접시콘, 스카프 등 색깔을 구분할 수 있는 교구로 변경할 수 있다.

훌라후프 통과 이어달리기

■ 준 비 물   #훌라후프 #라바콘
■ 교과연계   #달리기 #점프하여 착지하기
■ 기본인원   #8명 이상
■ 활동장소   #운동장 #체육관 #다목적실

한 줄 설명 : 두 명이 훌라후프 1개로 징검다리를 만들어 반환점 돌아오기

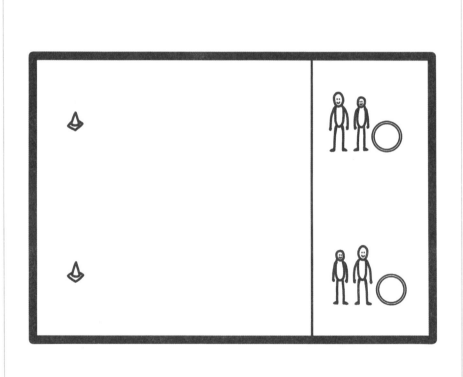

◉ 수업 전 준비해요

■ 팀 나누기
두 팀으로 나눈다. 한 팀 내에서 2인 1조로 짝
을 짓는다.

■ 준비물
훌라후프와 라바콘은 팀 개수만큼 준비한다.

◉ 수업 중 이렇게 활동해요

❶ 주자 2명이 짝이 되어 한 명은 징검다리를 놓
는 역할을 하고 한 명은 징검다리를 건너는 역
할을 한다. 징검다리를 놓는 친구는 훌라후프
를 출발선 앞에 놓는다.

❷ 징검다리를 건너는 역할의 친구는 앞에 놓인
훌라후프 안으로 두발로 뛰어 들어간다.

❸ 징검다리를 놓는 친구는 훌라후프 안에 친구
머리 위로 훌라후프를 들어올려 통과시키고
다시 친구 앞에 훌라후프를 놓는다.

❹ 이를 반복하여 반환점에 도착한 후 서로 역할
을 바꿔 출발선으로 돌아간다. 출발선에서 다
음 주자에게 훌라후프를 건네고 마지막 주자
까지 먼저 들어온 팀이 승리한다.

더 Fun하게 만드는 난이도 조절 Tip
☑ 출발선와 반환점 사이의 간격을 조절한다.

뻔하지 않은 활동 운영 Tip!
☑ 훌라후프를 들어올려 앞으로 옮길 때 친구의 신체를 치지 않도록
유의하며 신장이 비슷한 친구끼리 짝이 되면 좋다.
☑ 징검다리를 놓는 역할은 훌라후프를 놓을 땐 앉고, 훌라후프를 들
어올릴 땐 일어서면 빠르다는 것을 이해하도록 지도한다.

09 훌라후프 발로 끌고 가기

- 준 비 물 #훌라후프 #라바콘
- 교과연계 #걷기 #차기
- 기본인원 #4명 이상
- 활동장소 #운동장 #체육관

한 줄 설명 : 훌라후프 안에서 발로 훌라후프 끌고 가기

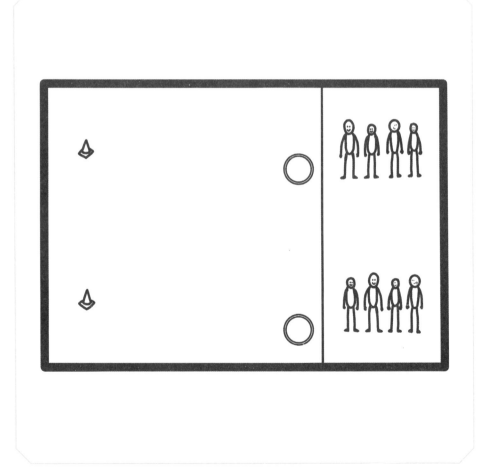

◉ 수업 전 준비해요

■ 팀 나누기
두 팀으로 나눈다. 인원에 따라 3~4팀으로 나눌 수 있다.

■ 준비물
훌라후프와 라바콘은 한 팀당 한 개씩 준비한다.

◉ 수업 중 이렇게 활동해요

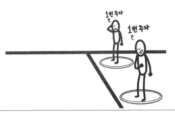

❶ 각 팀의 첫 번째 주자는 반환점을 바라보고 출발선 뒤에 훌라후프를 두고 그 안에 들어간다.

❷ 각 주자는 훌라후프 안에서 발로 훌라후프를 끌고 반환점을 터치한다. 터치한 후에는 훌라후프를 손으로 들고 출발선으로 뛰어서 온다.

❸ 훌라후프를 끌 때에는 발 이외에 다른 신체를 사용할 수 없으며 양발이 모두 훌라후프 안에 있어야 한다.

❹ 출발선으로 돌아온 주자는 다음 주자에게 훌라후프를 넘긴다. 마지막 주자가 먼저 들어온 팀이 승리한다.

더 Fun하게 만드는 난이도 조절 Tip
☑ 출발선과 반환점 사이의 간격을 조절한다.

뻔하지 않은 활동 운영 Tip!
☑ 훌라후프를 발로 끌 때는 이동하고 싶은 방향으로 발이 훌라후프에 붙어야 한다.
☑ 신발을 신고 활동하는 것이 좋다.

10 훌라후프 장애물 달리기

- **준 비 물**   #훌라후프 #라바콘
- **교과연계**   #달리기 #모양바꾸기
- **기본인원**   #8명 이상
- **활동장소**   #운동장 #체육관 #다목적실

한 줄 설명 : 짝꿍과 함께 훌라후프 장애물 통과하기

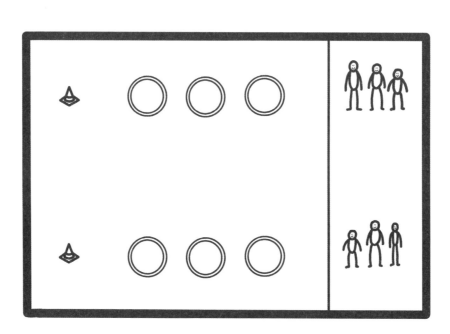

☀ 수업 전 준비해요

■ 팀 나누기
두 팀으로 나눈다. 한 팀 내에서 2인 1조로 짝을 짓는다.

■ 준비물
훌라후프는 한 팀당 3개, 라바콘은 1개를 준비한다.

☀ 수업 중 이렇게 활동해요

❶ 각 팀의 첫 번째 주자들은 짝꿍과 손을 잡고 반환점을 향해 뛴다. 반환점을 돌아올 때까지 손을 놓지 않는다.

❷ 반환점으로 뛰어가는 중에 보이는 훌라후프를 한 명이 손으로 잡아 발부터 머리까지 먼저 통과한 뒤 서로 잡은 손을 통해 팀원에게 훌라후프를 넘겨 팀원이 통과할 수 있도록 한다.

❸ 3개의 훌라후프를 같은 방법으로 모두 통과한 뒤 반환점을 돌아 출발선으로 돌아온다.

❹ 돌아온 주자들은 다음 팀원과 하이파이브로 주자를 바꾼다. 마지막 주자까지 먼저 들어온 팀이 승리한다.

더 Fun하게 만드는 난이도 조절 Tip
☑ 훌라후프의 개수를 조절한다.
☑ 반환점을 돌아와서 다시 훌라후프를 통과한다.

뻔하지 않은 활동 운영 Tip!
☑ 한 명만 계속 훌라후프를 먼저 잡아서 통과시키지 않도록 지도한다.
☑ 활동이 먼저 끝났거나 뒷 순서 친구가 주변의 훌라후프를 정돈해 준다.

memo

팀조끼

팀조끼는 없는 학교가 없을 정도로 보편적인 체육 교구라 접근성이 좋고 활용도가 높다. 팀조끼는 팀을 구분하는 용도로 사용할 뿐만 아니라 팀조끼 자체로 다양한 활동이 가능하며, 색깔이 다양하여 글과 설명에 취약한 저학년 학생에게 다양한 방법으로 활용할 수 있다.

01 바나나 게임

■ 준 비 물 #팀조끼
■ 교과연계 #달리기 #술래잡기
■ 기본인원 #6명 이상
■ 활동장소 #운동장 #체육관 #다목적실

한 줄 설명 : 바나나를 구출하며 술래 피해 다니기

◉ 수업 전 준비해요

▪ 팀 나누기
20명 기준 술래 2~3명을 뽑는다.

▪ 준비물
팀조끼는 술래 수만큼 준비한다.

◉ 수업 중 이렇게 활동해요

❶ 술래를 제외한 나머지 도망가는 친구들은 술래에게 잡히지 않게 멀리 퍼지고 술래는 도망가는 친구들을 잡는다.	❷ 도망가는 친구가 술래에게 잡힐 경우 그 자리에 멈춰 서서 두 손을 모으고 팔을 머리 위에 올려 바나나가 된다.

❸ 도망가는 친구는 바나나의 한 팔만 잡아 내려 줄 수 있다. 바나나의 양팔을 한 명이 다 내려 줄 수 없다.	❹ 두 팔이 다 내려온 바나나는 다시 술래를 피해 도망간다. 모두 바나나가 되거나 제한 시간이 지나면 활동이 종료된다.

더 Fun하게 만드는 난이도 조절 Tip
☑ 경기장의 크기를 조절한다.
☑ 술래의 수를 조절한다.

뻔하지 않은 활동 운영 Tip!
☑ 바나나의 팔을 내릴 땐 살살 내리도록 지도한다.
☑ 활동 시간은 5분으로 하되 유연하게 조정할 수 있다.

02 색깔 이동 술래잡기

■ 준 비 물 #팀조끼
■ 교과연계 #달리기 #술래잡기
■ 기본인원 #15명 이상
■ 활동장소 #운동장 #체육관

한 줄 설명 : 술래가 외친 색깔의 팀조끼를 입은 친구가 술래를 피해 구역 옮기기

☀ 수업 전 준비해요

■ 팀 나누기
팀조끼 색깔별로 남녀비율이 비슷하게 배정한다. 첫 술래 1명을 정한다

■ 준비물
모든 학생이 팀조끼를 입도록 준비하고 조끼 색깔은 3~5가지가 적당하다.

구역은 운동장 라인기나 접시콘을 이용하여 정해준다.

☀ 수업 중 이렇게 활동해요

❶ 모든 친구들은 다양한 색깔의 팀조끼를 입고 3개의 원 안에 색깔이 골고루 퍼지게 들어간다. 술래는 원 안에 들어갈 수 없고, 경기장 중앙에 선다.

❷ 술래가 색깔을 외치면 그 색깔의 팀조끼를 입은 친구는 자신의 원을 벗어나 다른 원으로 옮긴다.

❸ 술래는 원 밖으로 나온 친구를 잡고, 잡힌 친구는 술래가 된다.

❹ 술래가 된 친구는 친구들이 모두 원 안에 들어가면 경기장 중앙에서 다시 색깔을 외쳐 활동을 이어간다.

더 Fun하게 만드는 난이도 조절 Tip
☑ 술래의 수와 원 사이의 간격을 조절한다.
☑ 활동이 익숙해지면 술래가 한번에 여러 개의 색상을 외친다.

뻔하지 않은 활동 운영 Tip!
☑ 술래가 색깔을 외칠 때 모두가 집중하여 함께 색깔을 외친다.
☑ 빠른 경기 진행을 위해 술래도 팀조끼를 입고 활동한다.

03 내가 좋아하는 색깔은?

- ■ 준 비 물 #팀조끼
- ■ 교과연계 #달리기
- ■ 기본인원 #10명 이상
- ■ 활동장소 #운동장 #체육관 #다목적실 #교실

한 줄 설명 : 술래가 외친 색깔의 팀조끼를 입고 있는 친구들이 자리 옮기기

⦿ 수업 전 준비해요

▪ 팀 나누기
술래를 1명 정한다.

▪ 준비물
팀조끼는 학생 수만큼 필요하며 색깔별로 비슷한 개수를 준비한다.

⦿ 수업 중 이렇게 활동해요

❶ 모든 친구들은 큰 원을 만들어 앉고 술래는 원 안에 들어간다.	❷ 친구들은 술래에게 "○○이가 좋아하는 색깔은?"이라고 다함께 물어본다. 술래는 팀조끼 색깔 중 하나를 대답한다.

❸ 술래가 대답한 색깔의 팀조끼를 입은 친구들은 모두 일어서서 자리를 옮긴다. 술래는 친구들이 자리를 옮길 때 빈자리에 가서 앉는다.	❹ 자리에 앉지 못한 친구가 술래가 되고 질문과 대답을 이어서 한다. 3번 이상 술래가 되면 벌칙을 수행한다.

더 Fun하게 만드는 난이도 조절 Tip
☑ 활동이 익숙해지면 여러 색깔을 한번에 부른다.
☑ 색깔을 말하는 대신 색깔에 맞는 과일 이름을 불러 활동한다.
　(예시 – 사과, 딸기, 토마토 → 빨간 팀조끼)

뻔하지 않은 활동 운영 Tip!
☑ "모든 색깔"이라는 대답을 추가하면 모두를 움직이게 할 수 있다.
☑ 동시에 빈자리에 앉을 경우 가위바위보를 한다.

04 토끼와 사냥꾼

■ 준 비 물 #팀조끼
■ 교과연계 #돌기 #달리기
■ 기본인원 #5명 이상
■ 활동장소 #운동장 #체육관 #다목적실 #교실

한 줄 설명 : 손을 잡아 원을 만들어 회전하며 사냥꾼으로부터 토끼 지키기

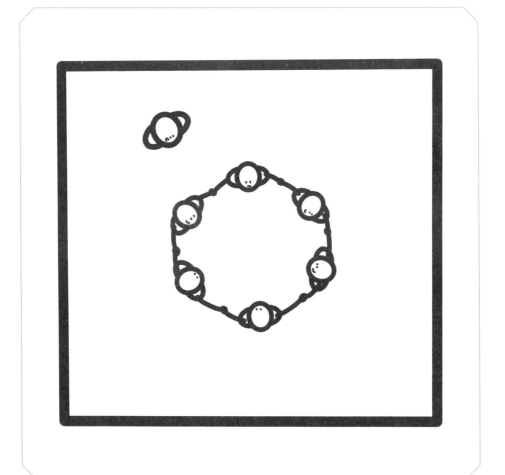

🔆 수업 전 준비해요

▪ 팀 나누기
5~7명을 한 모둠(1명 토끼, 1명은 사냥꾼, 나머지는 보호하는 역할)으로 구성한다.
토끼와 사냥꾼의 역할은 모둠원끼리 번갈아가며 바꾼다.

▪ 준비물
사냥꾼과 토끼는 각각 다른 색상의 팀조끼를 입는다.

🔆 수업 중 이렇게 활동해요

❶ 사냥꾼을 제외한 나머지 친구들은 토끼와 함께 손을 잡고 원을 만든다.	❷ 사냥꾼은 원 안으로는 들어갈 수 없으며 원 밖에서 토끼를 터치한다. 친구들의 팔을 잡거나 원이 돌지 못하게 막을 수 없다.

❸ 토끼는 사냥꾼으로부터 피하기 위해 친구들과 원을 왼쪽, 오른쪽으로 돈다.	❹ 사냥꾼이 토끼를 잡으면 게임이 끝나며 역할을 바꿔 활동한다.

더 Fun하게 만드는 난이도 조절 Tip
- ☑ 교사가 신호를 하면 사냥꾼이 각자의 원이 아닌 다른 원의 토끼를 잡을 수 있도록 사냥꾼끼리 자리를 바꾼다.
- ☑ 원을 만드는 인원의 수를 조절한다.

뻔하지 않은 활동 운영 Tip!
- ☑ 활동 시작 전에 손을 잡고 원을 만들어 오른쪽, 왼쪽으로 함께 도는 연습을 해본다.
- ☑ 원의 위치를 옮기는 것은 다칠 위험이 있기 때문에 원이 정해진 위치에서 많이 움직이지 않도록 안내한다.

색깔 둥글게 둥글게

- **준 비 물** #팀조끼
- **교과연계** #달리기
- **기본인원** #15명 이상
- **활동장소** #운동장 #체육관 #다목적실

한 줄 설명 : 교사가 외치는 색깔과 인원 맞춰 모이기

◉ 수업 전 준비해요

▪ 팀 나누기
교사가 모든 학생에게 무작위로 팀조끼를 나눠 준다.

▪ 준비물
팀조끼는 색깔이 다양할수록 좋으며 학생 수만 큼 준비한다.

◉ 수업 중 이렇게 활동해요

❶ 모든 학생은 '둥글게 둥글게' 동요를 부르며 원을 만들어 손을 잡고 함께 돈다.	❷ 교사가 원하는 타이밍에 휘슬을 불고 색깔과 모이는 인원을 말해준다.

❸ 학생들은 교사가 말한 색깔의 팀조끼를 입은 친구를 한 명 이상 포함하여 인원수를 맞춰 모인다.	❹ 정해진 인원을 초과한 모임은 인원이 부족한 다른 모임으로 이동하거나 가위바위보를 통해 제외한다. 정해진 인원을 못 맞춘 모임은 아웃되며 남은 인원들은 다시 원을 만들어 활동한다.

더 Fun하게 만드는 난이도 조절 Tip
☑ 동요 중간에 교사는 손뼉치기, 제자리에서 돌기 등 미션을 추가한다.

뻔하지 않은 활동 운영 Tip!
☑ 활동에 소극적인 학생이 입은 조끼의 색상을 불러주면 활동 참여에 도움이 된다.
☑ 교사가 말한 색깔끼리만 뭉치지 않도록 지도한다.

06 생쥐와 고양이

- ■ 준 비 물　#팀조끼
- ■ 교과연계　#달리기
- ■ 기본인원　#10명 이상
- ■ 활동장소　#운동장 #체육관 #다목적실

한 줄 설명 : 원을 이용한 생쥐와 고양이의 술래잡기

수업 전 준비해요

■ 팀 나누기
고양이팀과 생쥐팀 두 팀으로 나누고 팀에서 1명씩 생쥐와 고양이를 뽑는다.

■ 준비물
팀조끼는 2가지 색상으로 생쥐팀, 고양이팀 전체가 입는다.

수업 중 이렇게 활동해요

	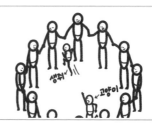
❶ 손을 잡고 큰 원을 하나 만든다. 이 때, 생쥐팀은 생쥐팀끼리 붙어있고, 고양이팀은 고양이팀끼리만 붙어 있는다(이어지는 부분 제외).	❷ 생쥐와 고양이는 원 안과 밖을 자유롭게 움직일 수 있다. 원을 들어갈 때 친구들의 손과 손 사이 아래로 이동해야하며 잡은 손을 끊거나 손 위로 지나갈 수 없다.

❸ 친구들은 생쥐와 고양이가 원 안으로 이동하는 것을 잡은 손으로 입구를 낮게 하여 방해할 수 있고 손을 높게 하여 들어가도록 도울 수 있다.	❹ 제한 시간 동안 고양이가 생쥐를 잡으면 고양이팀이 1점이 올라가고 못 잡으면 생쥐팀이 1점이 올라간다. 한 게임이 끝나면 생쥐와 고양이의 역할을 바꾸어 다시 진행한다.

더 Fun하게 만드는 난이도 조절 Tip
☑ 활동이 익숙해지면 생쥐와 고양이의 인원을 한 명씩 늘린다.

뻔하지 않은 활동 운영 Tip!
☑ 입구를 막을 때는 제자리에 앉는 것이 제일 효과적이며 입구를 열어줄 때는 손을 위로 들 수 있게 지도한다.
☑ 다른 팀 손 사이로 지나갈 수 있으나 무리해서 지나가지 않도록 지도한다.

07 팀조끼 공(Ball)주 구출하기

- 준 비 물 #팀조끼 #공 #라바콘
- 교과연계 #달리기 #균형잡기
- 기본인원 #8명 이상
- 활동장소 #운동장 #체육관

한 줄 설명 : 팀조끼에 공을 실어 팀원과 함께 떨어뜨리지 않고 반환점 돌아오기

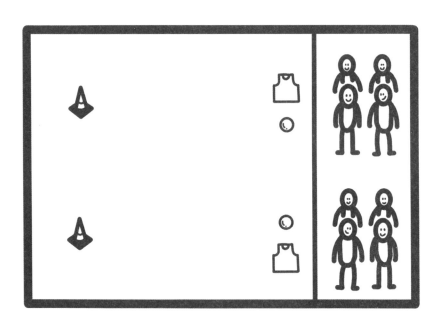

☀ 수업 전 준비해요

■ 팀 나누기
두 팀으로 나누고 팀 안에서 4명씩 짝을 짓는다.

■ 준비물
팀조끼, 라바콘, 공은 한 팀당 1개씩 준비한다.

☀ 수업 중 이렇게 활동해요

❶ 두 팀은 출발선 앞에서 4명의 주자가 팀조끼를 잡고 대기한다. 팀조끼는 가장자리를 4명이 한 손만 사용해서 팽팽하게 당겨서 잡는다.

❷ 주자들은 공을 팀조끼 위에 올리고 떨어지지 않게 조심히 반환점을 돌아온다.

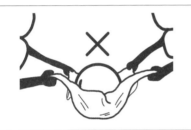

❸ 팀조끼가 팽팽하지 않아 주자끼리 손이 닿거나 공이 떨어지면 그 자리에서 다시 준비해서 출발한다.

❹ 반환점을 돌고 온 주자들은 다음 주자들에게 공과 팀조끼를 넘기고 다음 주자들은 같은 방법으로 반환점을 돌아온다. 마지막 주자들이 먼저 들어온 팀이 승리한다.

더 Fun하게 만드는 난이도 조절 Tip
☑ 공의 종류를 다양하게 하거나 출발선과 반환점 사이의 간격을 조절한다.
☑ 4명이 공을 옮기는 것이 어렵다면 2명이 한다.

뻔하지 않은 활동 운영 Tip!
☑ 팀조끼를 팽팽하게 당겨 활동할 수 있도록 활동 전 미리 연습한다.
☑ 함께 움직이는 친구들의 발을 밟거나 서로 부딪히지 않게 호흡을 맞춘다.

08 선풍기 이어달리기

- 준 비 물 #팀조끼
- 교과연계 #달리기
- 기본인원 #20명 이상
- 활동장소 #운동장

한 줄 설명 : 네 팀이 원의 네 구역에서 달려 선풍기처럼 돌아가며 이어달리기 하기

◉ 수업 전 준비해요

■ 팀 나누기
팀마다 운동 수준을 맞춰 네 팀으로 운영한다.

■ 준비물
각 팀의 출발선은 라바콘으로 표시해주고, 경기장 원은 라인기나 접시콘을 이용해 표시할 수 있다.

◉ 수업 중 이렇게 활동해요

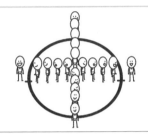

❶ 원을 4등분하여 3시, 6시, 9시, 12시 방향으로 한 줄씩 팀별로 모여 선다. 첫 번째 주자는 원 밖에 있는 출발선에, 나머지 주자는 순서대로 원 안에서 대기한다.

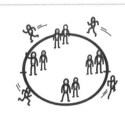

❷ 첫 번째 주자는 휘슬과 함께 원을 돌고 두 번째 주자는 원 안에서 대기하다 첫 번째 주자가 돌아오면 하이파이브로 배턴터치를 한다.

❸ 원을 한 바퀴 돌고 온 주자는 팀의 맨 뒤에 앉아 남은 인원을 파악할 수 있도록 한다.

❹ 달리다 다른 팀 주자를 만나면 바깥쪽으로 추월한다. 마지막 주자까지 출발선으로 먼저 돌아오는 팀이 승리!

더 Fun하게 만드는 난이도 조절 Tip
☑ 경기장 크기를 조절한다.
☑ 배턴을 사용할 수 있고, 배턴터치가 어렵다면 하이파이브로 대체한다.

뻔하지 않은 활동 운영 Tip!
☑ 달리는 주자와 부딪히지 않게 대기할 때에는 원 안에서 대기하며, 완주한 학생은 앉아있도록 지도한다.
☑ 달리기를 못해 추월을 당해도 네 팀의 출발지가 달라 눈에 잘 띄지 않는 활동이다. 친구를 비난하거나 상처주지 않도록 지도한다.

09 딸기 포도 술래잡기

- 준 비 물   #팀조끼
- 교과연계   #달리기 #술래잡기
- 기본인원   #8명 이상
- 활동장소   #운동장 #체육관

한 줄 설명 : 구호에 따라 도망가고 잡으며 우리팀으로 만드는 활동

◉ 수업 전 준비해요

■ 팀 나누기
두 팀으로 나눈다.

■ 준비물
20명 기준 빨간 조끼 20개, 파란 조끼 20개를
준비한다.

◉ 수업 중 이렇게 활동해요

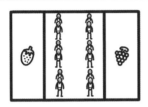	
❶ 빨간 조끼팀은 딸기팀, 파란 조끼팀은 포도팀이 된다. 딸기팀과 포도팀은 일렬로 경기장 가운데에 서로 마주보고 선다.	❷ 교사가 "딸기팀"을 외치면 딸기팀은 포도팀을 잡으러 가고, 포도팀은 뒤돌아 도망가서 포도팀의 구역으로 들어간다. 잡힌 포도팀은 딸기팀이 되어 빨간 팀조끼를 입는다.
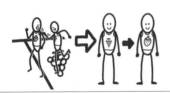	
❸ 만약 포도팀 구역으로 딸기팀이 들어가면 포도팀이 딸기팀을 잡을 수 있다. 잡힌 친구는 포도팀이 되어 파란 조끼로 바꿔 입는다.	❹ 포도팀이 안전해지면 다시 가운데로 모여 경기를 재개한다. 모두 같은 조끼를 입게 되면 경기가 끝난다.

더 Fun하게 만드는 난이도 조절 Tip
☑ 경기장 중간 지점과 각 팀의 구역까지의 거리를 조절한다.
☑ 교사가 구호를 바로 외치기보다 "딸딸딸 포도팀!", "딸딸딸 딸기팀!"처럼 앞에 단어를 추가하면 집중력에 도움이 된다.

뻔하지 않은 활동 운영 Tip!
☑ 두 색깔의 조끼가 전체 인원수만큼 없다면 상대팀에게 잡힌 경우 조끼를 바꿔 입지 않고 아웃으로 운영할 수 있다.
☑ 준비물, 학급에 맞게 구호를 변경할 수 있다.
   (예시 - 노란 조끼는 바나나팀, 주황 조끼는 오렌지팀)

10 순발력 달리기

- ■ 준 비 물 #팀조끼
- ■ 교과연계 #달리기 #균형잡기
- ■ 기본인원 #전체
- ■ 활동장소 #운동장 #체육관

한 줄 설명 : 머리 위에 팀조끼를 올리고 가위바위보를 해서 서로 잡고 도망가는 활동

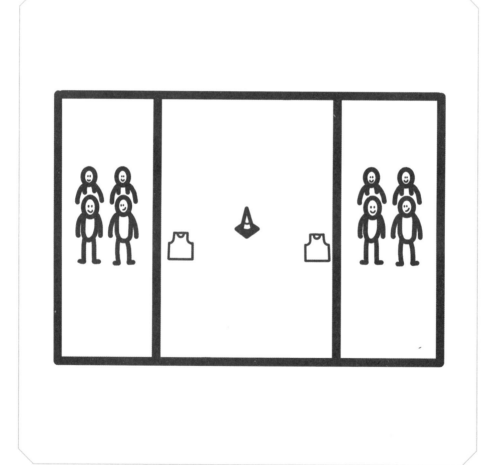

⊙ 수업 전 준비해요

■ 팀 나누기
두 팀으로 나눈다. 학급 인원수가 많다면 네 팀으로 나눠 두 팀씩 활동할 수 있다.

■ 준비물
팀조끼는 학급 인원수만큼 준비하고 반환점과 출발선에 라바콘을 두면 좋다.

⊙ 수업 중 이렇게 활동해요

❶ 각 팀은 경기장 양쪽에서 순서를 정해 머리 위에 팀조끼를 올린 상태로 출발선에 선다. 첫 번째 주자들은 신호와 함께 출발하여 반환점에서 상대팀과 가위바위보를 한다.

❷ 가위바위보에서 이긴 친구는 진 친구를 잡아야 하며 진 친구는 자신의 출발선으로 도망간다. 이동하는 중에 팀조끼가 떨어지면 그 자리에서 멈춰 다시 주워야 한다.

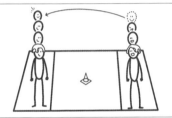

❸ 이긴 친구가 진 친구를 잡는다면 잡힌 친구는 팀을 바꿔 이긴 팀 뒷줄에 선다.

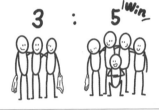

❹ 진 친구가 잡히지 않고 출발선에 돌아가면 이긴 친구도 팀으로 돌아가 다음 주자와 배턴터치 한다. 활동을 반복한 후 두 팀 중 더 많은 인원의 팀이 승리!

더 Fun하게 만드는 난이도 조절 Tip
☑ 반환점과 출발선 사이의 거리를 조절한다.
☑ 친구 머리 위에 있는 팀조끼를 잡는 방법으로 바꾼다.

뻔하지 않은 활동 운영 Tip!
☑ 팀조끼를 여러 번 접어 머리 위에 올려야 잘 떨어지지 않는다.
☑ 팀조끼는 손으로 잡을 수 없으며 어깨까지 흐른 경우도 떨어진 걸로 판단하여 멈춰서 머리 위로 다시 올려야 한다.

memo

콩주머니

콩주머니는 고학년보다 저학년에서 더 많이 사용되는 대표적인 체육 교구이다. 저학년이 들기에 무겁지 않고, 한 손으로 잡을 수 있으며, 일반적으로 수량이 많이 구비되어 있는 편이라 다양하게 활용하기 좋다. 또한 박터뜨리기의 준비물로써 운동회를 실시했던 학교에서는 거의 준비가 되어있는 교구로 접근성이 좋다. 최근에는 '빈백'이라는 명칭으로 판매가 되고 있으며 색깔과 무게가 다양하고 천의 재질도 각기 달라 활용도를 더욱 높이고 있다.

01 콩주머니 지키기

- ■ 준 비 물 #콩주머니 #훌라후프
- ■ 교과연계 #두발뛰기 #잡기
- ■ 기본인원 #10명 이상
- ■ 활동장소 #운동장 #체육관

한 줄 설명 : 콩주머니를 지켜 우리 팀 훌라후프에 많이 모으기

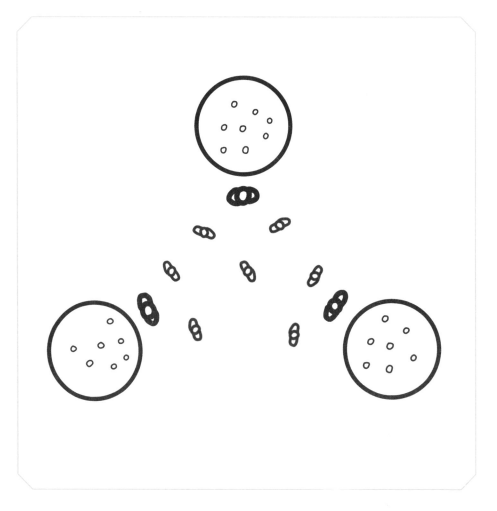

수업 전 준비해요

■ 팀 나누기

세 팀으로 나누고 각 팀의 문지기를 뽑는다. 학급 인원이 20명 이상이라면 4팀으로 나눠도 된다.

■ 준비물

콩주머니는 한 훌라후프에 5~10개 정도 있으면 좋고, 훌라후프는 팀 개수만큼 준비한다. 훌라후프 대신 원을 그리거나 생략할 수 있다.

수업 중 이렇게 활동해요

❶ 세 훌라후프에 콩주머니를 똑같이 나누고, 각 팀의 문지기는 훌라후프 옆에 선다. 나머지 팀원은 모두 두발뛰기로 다른 팀 문지기에게 간다.

❷ 팀원들은 다른 팀 훌라후프에 도착하면 문지기 앞에 줄을 서서 가위바위보 한다. 가위바위보에서 승리하면 그 팀의 콩주머니 한 개를 가져온다.

❸ 콩주머니가 손에 있는 경우 반드시 자신의 팀 훌라후프에 넣어야만 다른 팀으로 이동할 수 있다. 콩주머니 2개를 한꺼번에 소유할 수 없다.

❹ 가위바위보에서 진 팀원은 다른 팀으로 이동하여 활동을 계속 한다. 제한 시간이 지나고 가장 많은 콩주머니를 소유하고 있는 팀이 승리한다.

더 Fun하게 만드는 난이도 조절 Tip

☑ 두발뛰기 대신 한발뛰기, 일반 달리기 등으로 변경한다.

뻔하지 않은 활동 운영 Tip!

☑ 팀원들끼리 하이파이브로 문지기의 역할을 돌아가며 수행할 수 있다.

☑ 콩주머니를 들고 이동할 때에도 항상 두발뛰기를 사용해야 한다.

02 신체 콩주머니 옮기기

■ 준 비 물　#콩주머니 #원마커
■ 교과연계　#균형잡기 #걷기
■ 기본인원　#6명 이상
■ 활동장소　#운동장 #체육관 #다목적실 #교실

한 줄 설명 : 정해진 신체 부위로 콩주머니를 옮겨 원마커 위에 올리기

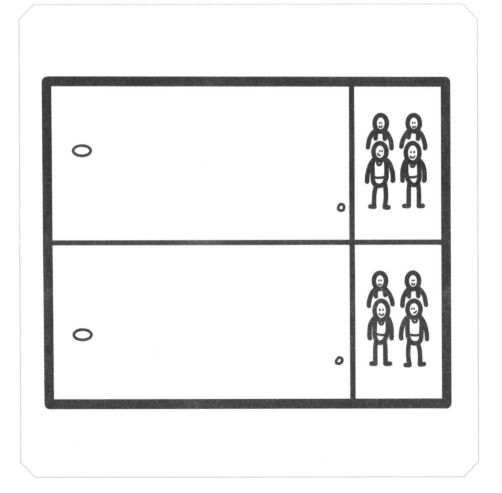

🔵 수업 전 준비해요

■ 팀 나누기
네 팀으로 나눈다. 학급 인원이 적은 경우 2~3 팀으로 운영할 수 있다.

■ 준비물
콩주머니와 원마커는 팀 개수만큼 준비한다.

🔵 수업 중 이렇게 활동해요

❶ 각 팀의 첫 번째 주자는 출발선에 대기하여 교사가 말한 신체 부위에 콩주머니를 올린다.

❷ 신체부위에 올린 콩주머니가 떨어지지 않게 원마커가 있는 지점까지 이동한다. 콩주머니가 떨어질 경우 팔벌려뛰기 3회 실시 후 다시 콩주머니를 올리고 출발한다.

❸ 원마커에 도착하면 콩주머니를 원마커 안으로 떨어뜨린다. 만약 콩주머니가 원마커를 벗어날 경우 팔벌려뛰기 3회 실시 후 다시 도전한다.

❹ 원마커에 콩주머니를 놓았다면 다시 주워 출발선으로 돌아와 다음 주자에게 건넨다. 마지막 주자까지 가장 먼저 들어온 팀이 승리한다.

더 Fun하게 만드는 난이도 조절 Tip
☑ 원마커 대신 훌라후프나 점보 스택스 등을 활용한다.
☑ 팔벌려뛰기가 어렵다면 제자리 뛰기 등으로 대체한다.

뻔하지 않은 활동 운영 Tip!
☑ 신체 부위는 손등-팔오금-어깨-머리 순으로 난이도가 쉬운 순서대로 진행하며 발등, 등, 배와 같은 다양한 신체를 활용한다.

03 콩주머니 빨리 가져오기

- 준 비 물　#콩주머니 #바구니
- 교과연계　#달리기 #잡기
- 기본인원　#8명 이상
- 활동장소　#운동장 #체육관 #다목적실

한 줄 설명 : 빠르게 달려 콩주머니 가져오기

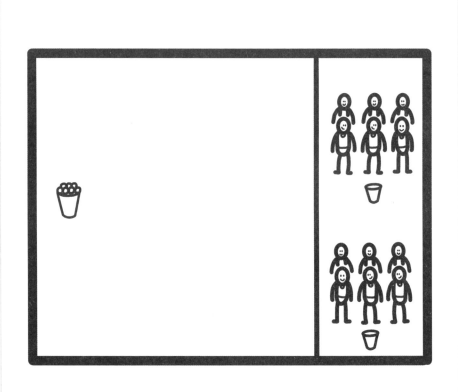

◉ 수업 전 준비해요

▪ 팀 나누기
두 팀으로 나눈다. 학급 인원이 많다면 3~4팀으로 나눌 수 있다.

▪ 준비물
콩주머니는 학급 인원의 1.5~2배 정도로 넉넉히 준비한다. 팀별로 콩주머니를 보관할 훌라후프나 바구니, 점보 스택스 등을 준비하면 좋다.

◉ 수업 중 이렇게 활동해요

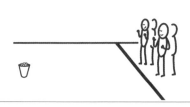	
❶ 각 팀은 순서를 정해 출발선 앞에 일렬로 대기하며, 경기장 끝에는 모든 콩주머니를 모아놓는다.	❷ 첫 번째 주자들은 모여 있는 콩주머니까지 빠르게 뛰어가서 한 개만 가지고 돌아온다.

❸ 첫 번째 주자가 돌아와 팀의 바구니에 콩주머니를 담으면 다음 주자가 출발하며 돌아온 주자는 팀의 줄 마지막에 서서 다음 출발을 기다린다.	❹ 모여 있는 콩주머니가 다 사라질 때까지 활동하며 가장 많은 콩주머니를 가져온 팀이 승리한다.

더 Fun하게 만드는 난이도 조절 Tip
☑ 달리는 거리를 길게 하거나 짧게 한다.
☑ 두발뛰기, 한발뛰기 등 달리는 방법을 다양하게 할 수 있다.

뻔하지 않은 활동 운영 Tip!
☑ 콩주머니를 가져가는 과정에서 부딪히지 않도록 지도한다.
☑ 콩주머니를 가져왔다면 던지지 않고 살살 넣을 수 있도록 한다.

04 콩주머니 던지기

- 준 비 물 #콩주머니 #훌라후프
- 교과연계 #던지기
- 기본인원 #2명 이상
- 활동장소 #운동장 #체육관 #다목적실

한 줄 설명 : 점수가 높은 훌라후프에 콩주머니를 던져서 점수 쌓기

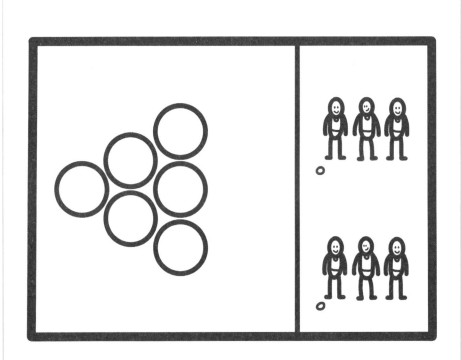

◉ 수업 전 준비해요

■ 팀 나누기
네 팀으로 나눈다. 학급 인원이 적다면 두 팀으로 나눈다.

■ 준비물
콩주머니는 팀 개수만큼 준비하고, 훌라후프는 6개 준비한다. 점수 계산을 위해 칠판이나 점수판을 준비하면 좋다.

◉ 수업 중 이렇게 활동해요

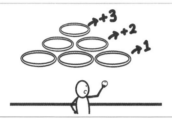	
❶ 훌라후프는 피라미드 형식으로 배치하며 각 층마다 훌라후프의 점수를 다르게 한다. 각 팀원들은 던질 순서를 정해 일렬로 대기한다.	❷ 각 팀의 첫 번째 순서는 훌라후프를 향해 콩주머니를 던진다. 콩주머니를 던질 때는 다른 팀과 겹치지 않도록 한명씩 던진다.
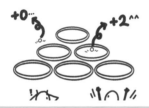	
❸ 콩주머니가 훌라후프 안에 들어가면 각 훌라후프에 주어진 점수를 팀 점수로 얻는다. 훌라후프 안에 넣지 못할 경우 0점으로 처리한다.	❹ 다른 팀까지 모두 던지면 콩주머니를 주워와 다음 주자에게 준다. 모든 팀원이 콩주머니를 다 던진 후 점수를 합산하여 가장 점수가 높은 팀이 승리한다.

더 Fun하게 만드는 난이도 조절 Tip
☑ 훌라후프보다 작은 준비물을 사용하면 난이도가 올라간다.

뻔하지 않은 활동 운영 Tip!
☑ 훌라후프 안에 점수를 적은 종이를 넣으면 이해를 도울 수 있다.

05 콩주머니 빙고

- 준 비 물 #콩주머니 #훌라후프
- 교과연계 #던지기
- 기본인원 #6명 이상
- 활동장소 #운동장 #체육관 #다목적실

한 줄 설명 : 훌라후프에 콩주머니를 던져 빙고 만들기

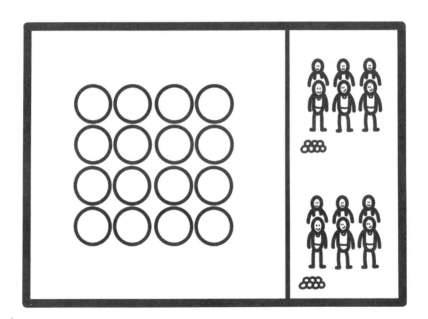

✸ 수업 전 준비해요

■ **팀 나누기**
두 팀으로 나눈다.

■ **준비물**
콩주머니는 학급 인원 수 이상 준비하며 팀별로 콩주머니의 색상을 다르게 배부한다.

✸ 수업 중 이렇게 활동해요

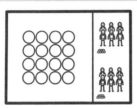	
❶ 훌라후프를 4x4로 배열하고 각 팀원들은 순서를 정하여 일렬로 선다. 콩주머니는 팀마다 색상을 다르게 하여 팀원들 옆에 둔다.	❷ 각 팀의 첫 번째 팀원들은 훌라후프를 향해 콩주머니를 던진다. 훌라후프 안에 콩주머니가 들어가면 한 칸을 차지한 걸로 인정한다.
	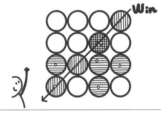
❸ 한 훌라후프 안에 같은 팀 콩주머니가 2개 이상 들어가거나 서로 다른 팀의 콩주머니가 들어가도 동일하게 한 칸을 차지한 걸로 인정한다.	❹ 훌라후프의 가로, 세로, 대각선 중 한 줄이 같은 팀의 콩주머니가 들어갈 때까지 돌아가면서 콩주머니를 던진다. 한 줄을 먼저 완성한 팀이 승리한다.

더 Fun하게 만드는 난이도 조절 Tip
☑ 출발선과 훌라후프 사이의 간격을 조절한다.
☑ 훌라후프의 개수와 빙고의 기준을 조절한다.(한 줄 빙고, 두 줄 빙고)

뻔하지 않은 활동 운영 Tip!
☑ 교실에서 빙고 게임을 미리 하여 빙고 게임의 규칙을 익혀둔다.
☑ 콩주머니를 던진 후 바로 줍지 않고 던질 콩주머니가 부족하면 훌라후프 안에 들어가지 않은 콩주머니만 주워서 활동을 진행한다.

06 콩주머니 날리기

- ■ 준 비 물　#콩주머니
- ■ 교과연계　#던지기
- ■ 기본인원　#4명 이상
- ■ 활동장소　#체육관 #다목적실 #교실

한 줄 설명 : 콩주머니를 뜨지 않게 날려 선 가까이 보내기

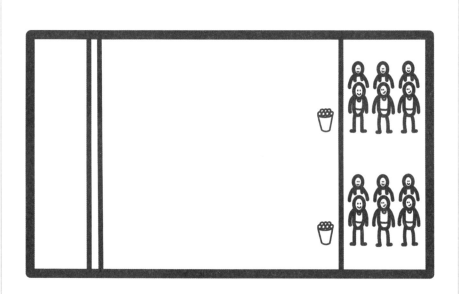

🌑 수업 전 준비해요

■ 팀 나누기

네 팀으로 나눠 두 팀씩 경기한다.

■ 준비물

선을 그리거나 색깔 테이프로 선을 만들어 붙여준다. 콩주머니는 학급 인원수만큼 준비하며 팀별로 색깔을 다르게 배부한다.

🌑 수업 중 이렇게 활동해요

❶ 팀원끼리 순서를 정하고 두 팀이 번갈아가며 한 명씩 콩주머니를 밀어서 날린다. 콩주머니는 도착선에 가깝게 날린다.	❷ 콩주머니는 바닥에서 뜨지 않게 손으로 밀어서 날린다. 콩주머니가 바닥에서 뜰 경우 다시 밀어서 날린다.
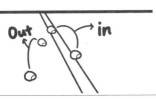	
❸ 콩주머니가 도착선을 지나면 아웃(OUT)이며 조금이라도 선에 걸치면 인(IN)로 인정한다.	❹ 만약 콩주머니끼리 부딪히면 움직인 위치로 콩주머니의 위치가 변경된다. 선에 가장 가깝게 콩주머니를 날린 팀원이 있는 팀이 승리한다.

더 Fun하게 만드는 난이도 조절 Tip
☑ 출발선과 도착선 사이의 간격을 조절한다.

뻔하지 않은 활동 운영 Tip!
☑ 출발선을 넘지 않는다면 자리를 이동하여 날릴 수 있다.
☑ 콩주머니가 경기장을 벗어날 경우 아웃으로 인정된다.

07 콩주머니 넣기

■ 준 비 물 #콩주머니 #바구니
■ 교과연계 #던지기
■ 기본인원 #4명 이상
■ 활동장소 #운동장 #체육관 #다목적실 #교실

한 줄 설명 : 바구니에 콩주머니 던지기

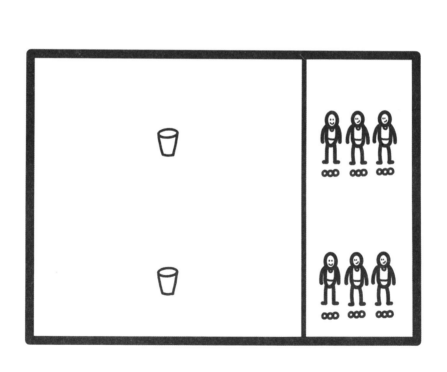

◉ 수업 전 준비해요

■ 팀 나누기
4~5명이 한 팀이 되도록 팀을 나눈다.

■ 준비물
콩주머니는 인당 3개씩 배부하며 콩주머니를 던지는 곳은 바구니나 훌라후프, 점보 스택스 등을 사용하며 팀당 1개씩 준비한다.

◉ 수업 중 이렇게 활동해요

❶ 팀원끼리 순서를 정해서 출발선에서 각 팀의 바구니를 향해 일렬로 선다.

❷ 순서대로 바구니에 콩주머니를 3개씩 던진다.

❸ 콩주머니를 던질 때는 선을 밟지 말아야 하며 선을 넘은 경우 다시 던진다.

❹ 교사가 정해준 개수 넣기(4명 기준 8개 넣기)를 목표로 한다. 목표를 달성하면 2단계로 넘어가 목표를 높이면서 활동을 진행한다.

더 Fun하게 만드는 난이도 조절 Tip
☑ 목표 달성 기준을 조절한다.
☑ 팀원이 바구니를 들고 콩주머니를 받는다.

뻔하지 않은 활동 운영 Tip!
☑ 콩주머니 던지기에 익숙해지면 팀별 대항전으로 운영할 수 있다.
☑ 콩주머니 개수가 부족한 경우 떨어진 콩주머니를 주워 뒤에 친구에게 줄 수 있다.

08 콩주머니 골프

- 준 비 물 　#콩주머니 #원마커
- 교과연계 　#던지기
- 기본인원 　#4명 이상
- 활동장소 　#운동장 #체육관

한 줄 설명 : 콩주머니를 던져서 1~6번 원마커에 순서대로 넣기

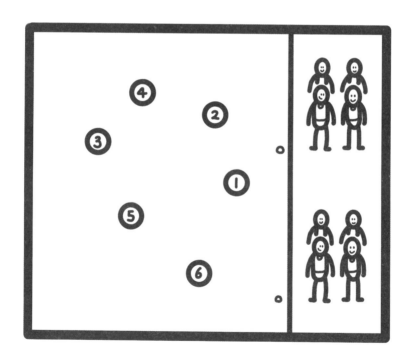

🌑 수업 전 준비해요

■ 팀 나누기
4~6명이 한 팀이 되도록 팀을 나눈다.

■ 준비물
원마커는 6개 준비하며 원마커 위에 1~6번까지 숫자를 표시한다. 콩주머니는 팀 개수만큼 준비한다.

🌑 수업 중 이렇게 활동해요

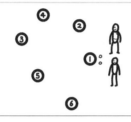

❶ 숫자가 적힌 원마커를 경기장에 무작위로 넓게 둔다. 1번 원마커에는 각 팀의 콩주머니를 한 개씩 둔다. 먼저 콩주머니를 던질 팀과 각 팀에서의 순서를 정한다.

❷ 첫 번째 팀의 1번 주자는 2번 원마커로 콩주머니를 던진다. 콩주머니가 원마커에 들어가면 3번 원마커를 향해 한 번 더 던질 수 있다.

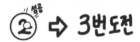

❸ 콩주머니가 들어가지 않을 경우 그 자리에 두고 다음 팀에게 순서가 넘어간다. 모든 팀의 1번 주자가 다 던진 후 2번 주자는 본인 팀의 콩주머니가 떨어진 위치에서 콩주머니를 이어서 던진다.

❹ 주자가 돌아가며 콩주머니를 던지고 숫자 순서대로 원마커를 거쳐 6번 원마커에 먼저 콩주머니를 도착시킨 팀이 승리한다.

더 Fun하게 만드는 난이도 조절 Tip
☑ 원마커의 개수와 간격을 조절한다.

뻔하지 않은 활동 운영 Tip!
☑ 원마커에 마커로 숫자를 적거나 메모지로 숫자를 표시한다.
☑ 활동 중에는 콩주머니 던지기에 방해되지 않도록 옆에서 조용히 관람할 수 있도록 한다.

09 콩주머니 술래잡기

■ 준 비 물　#콩주머니
■ 교과연계　#던지기 #잡기 #달리기
■ 기본인원　#2명 이상
■ 활동장소　#운동장 #체육관

한 줄 설명 : 콩주머니를 주고받다가 휘슬소리에 맞춰 술래잡기하기

◉ 수업 전 준비해요

■ 팀 나누기
두 명씩 짝지어 활동하고 짝을 자주 바꿔준다.

■ 준비물
콩주머니는 2명이 1개씩 가질 수 있도록 준비한다.

◉ 수업 중 이렇게 활동해요

❶ 두 명씩 마주보고 콩주머니를 던져서 서로 주고받는다.	❷ 콩주머니를 주고받다가 휘슬이 울리면 콩주머니를 들고 있는 친구는 술래가 된다. 술래는 콩주머니를 주고받던 친구를 잡는다.

❸ 휘슬이 울렸을 때 콩주머니를 놓쳐서 바닥에 떨어진 상태라면 놓친 친구가 술래가 된다.	❹ 일정 시간 후에 교사가 휘슬을 불어 활동을 멈춘다. 다시 콩주머니 주고받기 활동을 반복한 후 짝을 바꿔 활동을 한다.

더 Fun하게 만드는 난이도 조절 Tip
- ☑ 2명이서 하던 활동을 3명, 4명씩 인원을 늘려 활동한다.
- ☑ 휘슬을 불고 활동을 멈출 때까지 시간을 조절한다.

뻔하지 않은 활동 운영 Tip!
- ☑ 콩주머니를 서로 주고받지 않고 5초 이상 소유하고 있는 학생은 벌칙을 수행한다.
- ☑ 넓은 공간을 확보하여 서로 부딪히지 않도록 지도한다.

10 콩콩 콩주머니 옮기기

■ 준 비 물 #콩주머니 #원마커
■ 교과연계 #두발뛰기 #달리기
■ 기본인원 #4명 이상
■ 활동장소 #운동장 #체육관 #다목적실

한 줄 설명 : 콩주머니를 발에 끼워서 마지막 원마커까지 옮기기

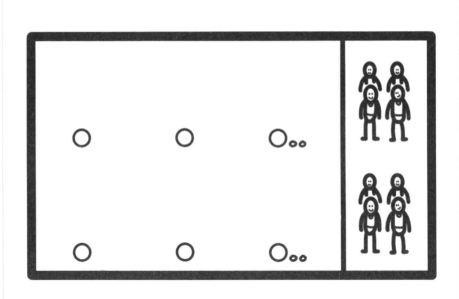

◉ 수업 전 준비해요

■ 팀 나누기
4∼6명이 한 팀이 되도록 나눈다.

■ 준비물
팀별로 콩주머니 2개, 원마커 3개씩 준비한다.

◉ 수업 중 이렇게 활동해요

❶ 각 팀의 첫 번째 주자는 첫 번째 원마커까지 뛰어가서 원마커 안에 있는 콩주머니 2개 중 1개를 양발 사이에 끼운다.	❷ 양발에 콩주머니를 끼운 상태로 콩콩 뛰어서 두 번째 원마커로 옮긴다. 그리고 첫 번째 원마커로 돌아가서 남은 콩주머니도 같은 방법으로 두 번째 원마커로 옮긴다.
	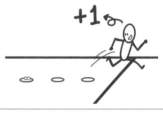
❸ 두 번째 원마커로 콩주머니를 다 옮기면 같은 방법으로 세 번째 원마커까지 콩주머니를 다 옮긴다. 콩주머니를 양발에 끼울 때만 두발뛰기를 한다.	❹ 세 번째 원마커에 콩주머니를 모두 옮기고 출발선으로 뛰어서 돌아온다. 먼저 돌아온 팀이 +1점을 획득하며 모든 학생이 활동을 한 후 가장 많은 점수를 획득한 팀이 승리한다.

더 Fun하게 만드는 난이도 조절 Tip
☑ 원마커 사이의 간격을 조절한다.
☑ 콩주머니와 원마커의 개수를 조절한다.

뻔하지 않은 활동 운영 Tip!
☑ 점수를 순위별로 차등 배분할 수 있다.
☑ 콩주머니를 발에 끼고 내려놓을 때 손을 사용할 수 없다.

memo

스피드스택스

스피드 스택스(Speed Stacks)는 12개로 이루어진 컵 세트로, 컵을 쌓는 활동인 '스포츠스태킹'을 할 때 주로 사용된다. 주된 활동으로는 3-3-3 스태킹, 3-6-3 스태킹, 싸이클 스태킹이 있으며 가볍고 쌓기 편한 컵의 특징을 이용하여 다양한 신체활동에서 활용된다. 컵의 색깔을 이용할 수도 있고, 컵 안에 물건 넣기, 컵 굴리기, 뒤집기, 쌓기 등 다양하게 응용 가능하며 협동 학습도 가능하다.

01 도전! 컵 뒤집기

- 준 비 물   #스택스 컵
- 교과연계   #치기
- 기본인원   #2명 이상
- 활동장소   #교실

한 줄 설명 : 스택스 컵을 쳐서 뒤집기

◉ 수업 전 준비해요

■ 팀 나누기
두 팀으로 나눈다. 인원에 따라 3~4팀으로 나눌 수 있다.

■ 준비물
스택스 컵은 학급 인원수만큼 준비한다.

◉ 수업 중 이렇게 활동해요

❶ 각 팀 내에서 스택스 컵을 뒤집을 순서를 정하고 모든 팀원의 책상 위에 컵을 올려놓는다.

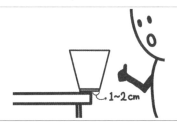

❷ 스택스 컵이 책상 밖으로 1~2cm정도 나오도록 책상 모서리에 걸쳐놓으며 컵의 바닥면이 책상에 닿게 올려놓는다.

❸ 첫 번째 학생은 스택스 컵의 바닥면을 손가락으로 아래에서 위로 올려 컵을 뒤집는다. 스택스 컵을 뒤집으면 성공이며 바로 다음 순서 팀원이 같은 방법으로 도전한다.

❹ 스택스 컵을 뒤집지 못하여 컵이 구르거나 책상에서 떨어지면 실패이며 성공할 때까지 컵을 주워 계속 도전한다. 마지막 순서 팀원까지 먼저 성공한 팀이 승리한다.

더 Fun하게 만드는 난이도 조절 Tip
☑ 모든 팀원이 성공하는 것이 아니라 성공 인원을 정해주고 그 인원만큼 먼저 성공하는 팀이 승리하도록 한다.
☑ 모든 팀원이 동시에 도전하여 더 빠르게 성공하는 팀이 승리하도록 한다.

뻔하지 않은 활동 운영 Tip!
☑ 활동 전에 개인 연습 시간을 충분히 준다.
☑ 다른 팀원이나 우리 팀원의 도전을 비하하기보다 응원할 수 있도록 지도한다.

컵으로 들어가라 얍!

- 준 비 물 #스택스 컵 #탁구공
- 교과연계 #던지기
- 기본인원 #2명 이상
- 활동장소 #체육관 #다목적실 #교실

한 줄 설명 : 탁구공을 튕겨 모든 스택스 컵에 빠르게 넣기

◉ 수업 전 준비해요

■ 팀 나누기
두 팀으로 나눈다.

■ 준비물
스택스 컵은 학급 인원수만큼 준비하며 팀별로 같은 색상이면 좋다. 탁구공은 학급 인원수만큼 준비하거나 팀 개수만큼 준비한다.

◉ 수업 중 이렇게 활동해요

❶ 각 팀은 순서를 정해 일렬로 서고, 각 팀별로 경기장에 스택스 컵을 모아둔다.

❷ 각 팀 첫 번째 순서 학생은 탁구공을 던져 스택스 컵에 넣는다. 탁구공을 바닥에 튕겨서 컵에 넣을 수 있다.

❸ 탁구공이 들어갔다면 컵을 뒤집어 완료 표시를 한다. 탁구공을 한번 던졌다면 성공 여부와 관계없이 다음 주자에게 차례를 넘긴 후 팀 가장 마지막 순서가 되어 줄을 선다.

Win!

❹ 주어진 스택스 컵을 다 뒤집을 때까지 모든 팀원이 순서대로 계속 도전하며 가장 먼저 컵을 모두 뒤집은 팀이 승리한다.

더 Fun하게 만드는 난이도 조절 Tip
☑ 스택스 컵의 개수를 조절한다.
☑ 점보 스택스 컵을 활용한다.

뻔하지 않은 활동 운영 Tip!
☑ 스택스 컵은 팀에서 원하는 모양으로 둘 수 있다.
☑ 스택스 컵은 서로 붙여놓는 것이 유리하다.

03 고무줄 컵 옮기기

- 준 비 물   #스택스 컵 #고무줄 #실
- 교과연계   #잡기
- 기본인원   #4명 이상
- 활동장소   #체육관 #다목적실 #교실

한 줄 설명 : 팀원과 협동하여 고무줄로 스택스 컵 옮기기

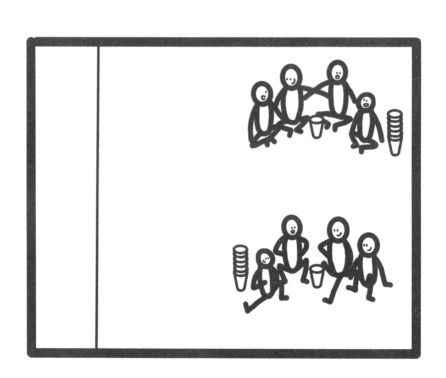

◉ 수업 전 준비해요

■ 팀 나누기
4명씩 한 팀이 되도록 팀을 나눈다.

■ 준비물
스택스 컵은 한 팀당 1세트, 고무줄은 한 팀당 1개, 실은 인원수에 맞게 잘라서 준비한다.

◉ 수업 중 이렇게 활동해요

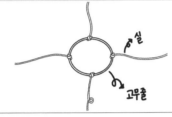

❶ 노란 고무줄에 실 4개를 일정한 간격으로 묶는다. 팀원은 출발선에 모여 있고, 스택스 컵을 팀 옆에 1세트를 펼쳐둔다.

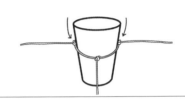

❷ 모든 팀원이 함께 실 1개씩을 잡아당겨 고무줄을 벌린다. 벌어진 고무줄 사이에 스택스 컵을 넣고 고무줄을 다시 조여 스택스 컵을 끼운다.

❸ 스택스 컵이 떨어지지 않게 도착선으로 이동하고 도착선에서 고무줄을 다시 벌려 스택스 컵을 놓는다. 이동 중 컵이 떨어질 경우 그 자리에서 다시 고무줄을 벌려서 끼운다.

❹ 스택스 컵을 놓은 후 팀원과 다시 출발점으로 돌아가 같은 방법으로 스택스 컵을 옮긴다. 모든 컵을 먼저 옮긴 팀이 승리한다.

더 Fun하게 만드는 난이도 조절 Tip
☑ 출발선과 도착선의 거리를 조절한다.
☑ 스택스 컵을 고무줄로 옮겨 피라미드 모양을 쌓거나 컵을 겹쳐서 쌓기 등 다양한 모양을 만들도록 미션을 준다.

뻔하지 않은 활동 운영 Tip!
☑ 본인의 주장만 하지 않고 상대방의 의견을 듣고 협동해야 미션을 수월하게 수행할 수 있음을 지도한다.
☑ 고무줄 하나당 3명에서 최대 5명의 학생이 적당하며 실은 쉽게 끊어지지 않는 굵은 실을 10~15cm로 잘라서 쓴다.

04 색깔 피라미드 쌓기

- 준 비 물　#스택스 컵 #원마커
- 교과연계　#쌓기
- 기본인원　#2명 이상
- 활동장소　#체육관 #다목적실 #교실

한 줄 설명 : 주어진 색깔의 스택스 컵을 이용해 피라미드 쌓기

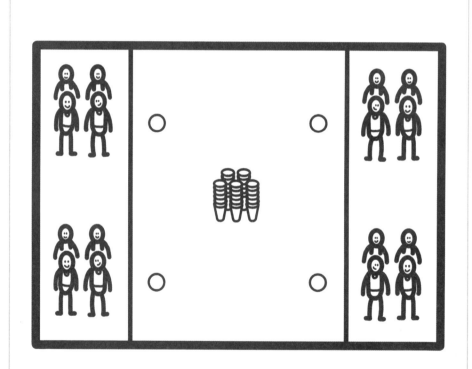

◉ 수업 전 준비해요

▪ 팀 나누기
4명이 한 팀이 되도록 2~5팀으로 나눈다.

▪ 준비물
각각 다른 색깔의 스택스 컵 세트(12개)를 5개 이상 준비한다. 책상 또는 원마커를 팀 개수만큼 준비한다.

◉ 수업 중 이렇게 활동해요

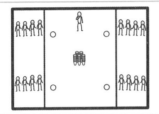	
❶ 각 팀별로 순서를 정해 출발선에 일렬로 서고, 경기장 중앙에는 다양한 색깔의 스택스 컵을 섞어 모아둔다. 컵 옆에는 팀 개수만큼 책상이나 원마커를 둔다.	❷ 교사는 스택스 컵 색깔 3가지를 외치고, 첫 번째 주자는 스택스 컵으로 달려가 컵 6개를 챙긴다. 컵 6개 중에 교사가 외친 3가지 색깔이 포함되어야 한다.

❸ 6개의 컵을 챙겨 빈 책상 또는 원마커로 간다. 6개의 컵으로 아래서부터 3-2-1 대형으로 컵을 쌓아 피라미드를 만든다.	❹ 피라미드를 다 만들면 손을 머리 위로 올린다. 완성된 팀 순서대로 점수를 부여하고 다음 주자도 동일하게 활동한다. 가장 많은 점수를 얻은 팀이 승리한다.

> **더 Fun하게 만드는 난이도 조절 Tip**
> ☑ 3-2-1 대형 말고 2-1, 2-1 대형으로 나눠 쌓는다.

> **뻔하지 않은 활동 운영 Tip!**
> ☑ 빈 책상이나 원마커로 이동할 때 부딪히지 않도록 조심하며 팀별로 자리를 정해줄 수 있다.
> ☑ 사전에 컵 쌓는 방법을 연습해보는 것이 좋다.

05 순서대로 컵 쌓기

- 준 비 물 #스택스 컵 #스티커
- 교과연계 #쌓기
- 기본인원 #2명 이상
- 활동장소 #체육관 #다목적실 #교실

한 줄 설명 : 번호가 적힌 컵을 1번부터 12번까지 순서대로 겹쳐서 쌓기

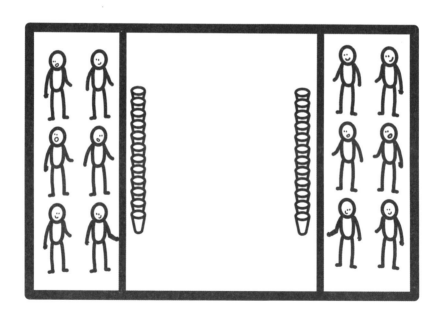

◉ 수업 전 준비해요

■ 팀 나누기
두 팀으로 나눈다. 팀원이 5명 이상이 될 경우
3~4팀으로 나눌 수 있다.

■ 준비물
스택스 컵은 한 팀당 12개를 준비한다. 숫자를
적을 수 있는 스티커에 1~12까지 숫자를 적어
컵의 옆면에 붙이거나 직접 쓴다.

◉ 수업 중 이렇게 활동해요

❶ 각 팀의 도착선에 숫자가 적힌 스택스 컵을 뒤집어 놓는다. 학생들은 상대 팀의 도착선에 가서 컵을 골고루 섞고 출발선에 일렬로 선다.

❷ 각 팀의 첫 번째 주자는 도착선으로 뛰어가 스택스 컵을 1번부터 12번까지 순서대로 겹쳐 쌓는다.

❸ 숫자 순서대로 겹치지 못할 경우 컵을 빼서 다시 겹쳐 쌓는다.

❹ 스택스 컵을 순서대로 겹쳐 쌓아 출발선에 먼저 들고온 팀은 1점을 얻는다. 활동 후 다시 컵을 섞고 활동하며 가장 많은 점수를 얻는 팀이 승리한다.

더 Fun하게 만드는 난이도 조절 Tip
☑ 스택스 컵의 개수를 조절한다.

뻔하지 않은 활동 운영 Tip!
☑ 활동이 끝난 후 다함께 숫자를 12부터 거꾸로 세면서 순서대로 잘 쌓았는지 확인한다.

06 스택스 이어달리기

- 준 비 물 #스택스 컵 #원마커
- 교과연계 #달리기 #쌓기
- 기본인원 #4명 이상
- 활동장소 #운동장 #체육관 #다목적실

한 줄 설명 : 팀원과 함께 3-2-1 대형으로 스택스 컵 쌓기

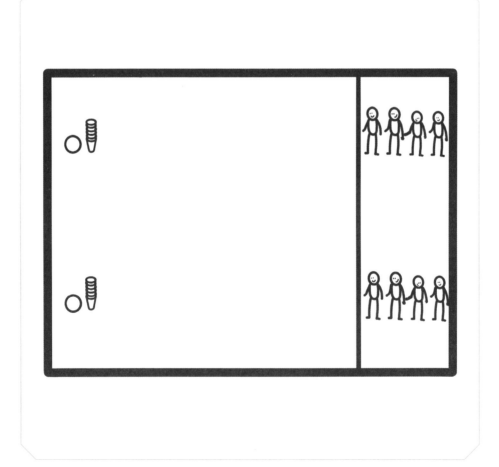

🌑 수업 전 준비해요

▪ 팀 나누기
6명씩 한 팀이 되도록 팀을 나눈다. 6명씩 팀을 구성할 수 없다면 6명 이하가 한 팀이 되도록 나눈다.

▪ 준비물
스택스 컵은 한 팀당 6개씩 준비하고 원마커는 한 팀당 1개씩 준비한다.

🌑 수업 중 이렇게 활동해요

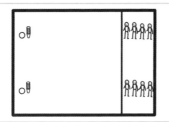

❶ 각 팀은 순서를 정해 출발선에 서고 경기장에는 팀별로 원마커 1개와 그 옆에 스택스 컵 6개를 겹쳐서 쌓아놓는다.

❷ 각 팀은 한 명씩 출발하여 원마커 위에 3-2-1 대형으로 스택스 컵을 쌓는다. 한 사람당 스택스 컵 하나만 쌓을 수 있고, 쌓고 난 후 다음 주자와 하이파이브로 배턴터치한다.

❸ 6명의 주자를 거쳐 3-2-1 쌓기를 완성했다면 다음 주자부터는 스택스 컵을 한 개씩 가지고 출발선에 돌아온다.

❹ 출발선에 도착한 주자들은 스택스 컵을 출발선 위에 겹쳐 쌓아 놓으며 가장 먼저 6개의 컵을 출발선 위에 쌓은 팀이 승리한다.

더 Fun하게 만드는 난이도 조절 Tip
☑ 스택스 컵의 수를 3개, 9개 등으로 조절한다.
☑ 한 명이 모두 쌓아 올리고, 허물기를 하고 다음 주자와 배턴터치한다.

뻔하지 않은 활동 운영 Tip!
☑ 팀원의 수가 6명이 안될 경우 여러 번 활동할 수 있도록 한다.
☑ 점보 스택스 컵으로 활동하면 더욱 좋다.

07 스택스 디비디비딥

■ 준 비 물   #스택스 컵 #원마커
■ 교과연계   #쌓기
■ 기본인원   #8명 이상
■ 활동장소   #체육관 #다목적실 #교실

한 줄 설명 : 디비디비딥 가위바위보에 승리하여 원마커 위에 스택스 컵 쌓기

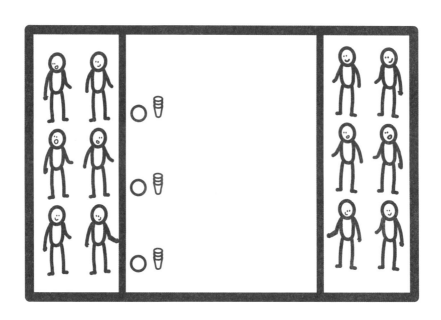

◉ 수업 전 준비해요

■ 팀 나누기
두 팀으로 나눈다.

■ 준비물
스택스 컵은 한 팀의 인원수×3만큼 준비하고,
원마커는 한 팀의 인원수만큼 준비한다.

◉ 수업 중 이렇게 활동해요

❶ 두 팀을 공격팀과 수비팀으로 나눈다. 수비팀은 일렬로 서서 대기하고 수비팀원들 앞에 원마커 1개와 스택스 컵 3개를 각각 둔다. 공격팀은 일렬로 서고 공수 첫 번째 주자들끼리 마주보고 선다.

❷ 공수 첫 번째 선수들끼리 디비디비딥 가위바위보 한다. 공격팀 선수가 이기면 수비팀 첫 번째 선수의 원마커에 컵을 1개 올리고 공격팀 맨 뒤로 가서 대기한다. 공격팀이 지면 컵을 쌓지 않고 맨 뒤로 간다.

❸ 공격팀은 수비팀 첫 번째 선수의 원마커에 스택스 컵을 2-1 대형으로 3개 쌓는다. 3개를 다 쌓았다면 수비팀 두 번째 선수와 같은 방법으로 디비디비딥을 한다.

❹ 공격팀이 수비팀의 모든 원마커 위에 3개의 컵을 쌓으면 경기가 종료되며 공수가 전환된다. 시간을 측정하여 더 빨리 컵을 쌓은 팀이 승리한다.

더 Fun하게 만드는 난이도 조절 Tip
☑ 원마커 위에 쌓을 스택스 컵 개수를 조절한다.

뻔하지 않은 활동 운영 Tip!
☑ 디비디비딥 가위바위보 대신 가위바위보나 묵찌빠를 활용할 수 있다.
☑ 활동 전에 디비디비딥 가위바위보 방법을 익힌다.

08

쌓고 허물고 성 만들기

■ 준 비 물 #스택스 컵
■ 교과연계 #쌓기
■ 기본인원 #2명 이상
■ 활동장소 #체육관 #다목적실 #교실

한 줄 설명 : 우리 팀 스택스 컵은 쌓고 상대 팀 스택스 컵은 허물어 제한 시간 안에 컵 더 많이 쌓기

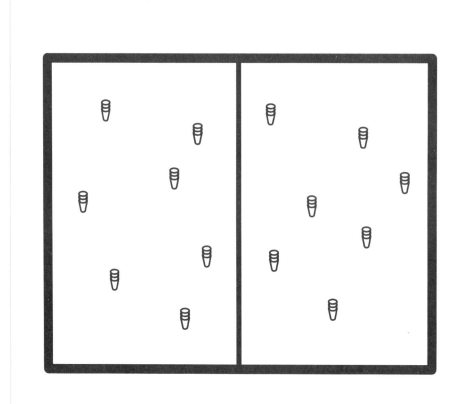

◉ 수업 전 준비해요

■ 팀 나누기
5명 이하가 한 팀이 되도록 2~4팀으로 나눈다.

■ 준비물
스택스 컵은 팀별로 색깔을 다르게 하여 한 팀 당 15개 이상 준비한다.

◉ 수업 중 이렇게 활동해요

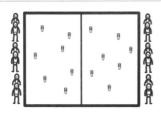

❶ 교사는 각 팀의 스택스 컵 3개를 겹쳐 쌓아 경기장에 골고루 놓는다. 각 팀별로 스택스 컵의 색깔을 정하여 출발선에 대기한다.

❷ 정해진 시간 동안 우리 팀 색깔의 스택스 컵을 2-1 대형으로 쌓아올린다.

❸ 2-1 대형으로 쌓아올려진 상대 팀 스택스 컵은 원래대로 3개를 겹쳐 쌓아 허물 수 있다.

❹ 정해진 시간이 지난 후 2-1 대형으로 쌓아 올린 스택스 컵이 많은 팀이 승리한다.

더 Fun하게 만드는 난이도 조절 Tip
☑ 스택스 컵의 개수를 늘려 2-1 대형 말고 3-2-1 대형으로 만든다.
☑ 경쟁하는 팀 수를 줄이거나 늘린다.

뻔하지 않은 활동 운영 Tip!
☑ 스택스 컵을 무너뜨리는 것이 아니라 원래대로 3개씩 겹쳐 쌓는 것이 허무는 것임을 지도한다.
☑ 스택스 컵은 들고 다닐 수 없고 정해진 자리에서 쌓고 허문다.

09

스택스 술래잡기

- **준 비 물** #스택스 컵 #책상
- **교과연계** #쌓기 #걷기
- **기본인원** #2명 이상
- **활동장소** #체육관 #다목적실 #교실

한 줄 설명 : 스택스 컵을 쌓고 허물면서 술래 잡기

수업 전 준비해요

팀 나누기
2~4명이 한 팀이 되도록 팀을 나눈다. 경기는 두 팀씩 한다.

준비물
한 경기장에는 4개의 책상을 모아 붙여 사각형 경기장을 만들고, 책상 1개당 스택스 컵 3개를 겹쳐 올려둔다.

수업 중 이렇게 활동해요

❶ 두 팀씩 경기하며 각 팀의 첫 번째 선수는 가위바위보로 술래를 정한다. 술래는 1번 책상에 서고 도망가는 친구는 4번 책상에 서서 대각선으로 서로를 바라본다.	❷ 1, 3번 책상 위에는 스택스 컵 3개를 2-1 대형으로 쌓아두고 2, 4번 책상 위에는 스택스 컵 3개를 겹쳐 놓아둔다.

❸ 시작 신호와 함께 술래는 2-1 대형의 쌓아진 컵을 허물어 한 줄로 겹치며 3번 책상으로 이동하고, 도망가는 친구는 겹쳐진 컵을 2-1 대형으로 쌓으며 2번 책상으로 이동한다.	❹ 제한 시간 안에 술래가 도망가는 친구를 잡으면 1점을 획득하고, 잡지 못하면 상대 팀이 1점을 획득한다. 같은 방법으로 모든 팀원이 활동한 후 술래를 바꿔 다시 활동한다.

더 Fun하게 만드는 난이도 조절 Tip
☑ 책상의 수를 늘린다.(4개→6개)

뻔하지 않은 활동 운영 Tip!
☑ 경기가 먼저 끝났다면 스택스 컵을 원래대로 정리한 후 대기하도록 한다.
☑ 스택스 컵을 쌓는 능력을 고려하여 팀을 나누는 것이 좋다.

10 오르락내리락 컵 쌓기

- 준 비 물   #스택스 컵
- 교과연계   #쌓기
- 기본인원   #2명 이상
- 활동장소   #체육관 #다목적실 #교실

한 줄 설명 : 쌓여있는 컵을 하나씩 옮겨 색깔이 다른 컵을 맨 아래로 옮기기

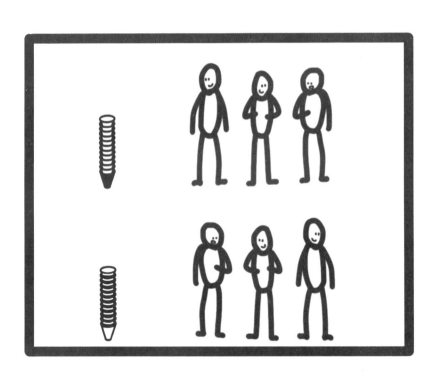

◉ 수업 전 준비해요

■ 팀 나누기
4명 이하가 한 팀이 되도록 2~5팀으로 나눈다.

■ 준비물
스택스 컵은 팀별로 색깔을 다르게 하여 한 팀 당 12개씩 준비한다. 팀의 스택스 컵 중 1개만 다른 팀과 바꾼다.

◉ 수업 중 이렇게 활동해요

❶ 스택스 컵의 바닥면이 아래로 가도록 12개의 컵을 겹쳐 준비하고 맨 아래에는 다른 색깔의 컵이 오도록 한다. 각 팀의 첫 번째 선수는 스택스 컵을 들고 대기하며 나머지 팀원은 옆에 일렬로 선다.

❷ 시작 신호와 함께 첫 번째 선수는 가장 위에 있는 컵을 가장 아래에 있는 컵 밑으로 옮겨 겹친다. 맨 아래에 있었던 다른 색깔 컵이 한 칸씩 위로 올라가도록 계속 반복한다.

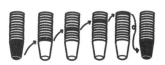

❸ 스택스 컵은 한 번에 1개씩만 옮길 수 있으며 여러 개가 옮겨질 경우 다시 컵 위로 옮겨서 활동한다.

❹ 가장 아래에 있던 다른 색깔의 컵이 차곡차곡 올라가다 다시 맨 아래로 오게 되면 두 번째 선수에게 컵을 넘긴다. 마지막 선수까지 먼저 성공한 팀이 승리한다.

더 Fun하게 만드는 난이도 조절 Tip
☑ 스택스 컵의 개수를 조절한다.

뻔하지 않은 활동 운영 Tip!
☑ 스택스 컵을 옮기는 방향을 바꿔 맨 아래 컵을 위로 올려 활동할 수 있다.
☑ 대기 중인 친구들은 심판이 되어 컵을 옮기고 있는 친구를 바라보며 1개씩 잘 옮기고 있는지 확인한다.

memo

스카프

체육교구 중 스카프는 나일론 재질로, 던졌을 경우 체공시간이 길고 색깔이 다양해 활용도가 높다. 또한 개인별로 사용할 수 있도록 수량이 여유 있게 구비되어 있는 학교가 많고 비용이 상대적으로 저렴해 개인 신체 활동으로 활용하기 적합한 교구이다.

01 스카프 뺏기 술래잡기

■ 준 비 물 #스카프 #팀조끼
■ 교과연계 #달리기 #술래잡기
■ 기본인원 #8명 이상
■ 활동장소 #운동장 #체육관

한 줄 설명 : 술래에게 잡히지 않고 스카프를 몰래 가져가 친구들을 살리는 술래잡기

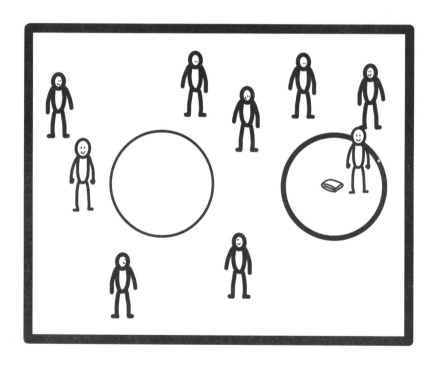

⬢ 수업 전 준비해요

■ 팀 나누기
술래 2~3명을 정한다. (20명 기준 3명)

■ 준비물
원을 그리거나 접시콘 등을 활용해 원을 만들고 원 안에 스카프를 한 개 둔다. 팀조끼는 술래의 수만큼 준비한다.

⬢ 수업 중 이렇게 활동해요

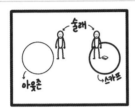

❶ 경기장에 원이 두 개가 있고 원 한 개는 술래가 스카프를 지키고 원 한 개는 아웃 구역으로 술래에게 잡힌 친구들을 가둔다.

❷ 술래 중 한 명은 원 안에서 바닥에 있는 스카프를 지키고 나머지 술래는 도망가는 친구들을 잡는다. 술래에게 잡힌 친구는 아웃 구역으로 이동하여 대기한다.

❸ 도망가는 친구들은 원 안에 있는 스카프를 술래를 피해 원 밖으로 빼내어 아웃된 친구들 모두를 탈출시킬 수 있다. 스카프는 손이나 발 등 모든 신체를 이용할 수 빼낼 수 있다.

❹ 스카프를 빼내면 아웃된 친구들은 아웃 구역을 나와 다시 도망가고 술래는 스카프를 원 안에 두고 다시 활동한다. 제한 시간을 정해 활동하고 술래를 바꾼다.

더 Fun하게 만드는 난이도 조절 Tip
☑ 술래의 수를 조절하거나 술래가 플레이스틱을 사용하여 도망가는 친구들을 터치한다.
☑ 스카프가 있는 원의 크기를 조절한다.

뻔하지 않은 활동 운영 Tip!
☑ 스카프를 빼내고 지키는 과정에서 부딪히지 않도록 유의한다.

02 착착 스카프 달리기

- ■ 준 비 물 #스카프 #라바콘
- ■ 교과연계 #달리기
- ■ 기본인원 #4명 이상
- ■ 활동장소 #운동장 #체육관

한 줄 설명 : 스카프를 몸에 붙이고 이어달리기 하기

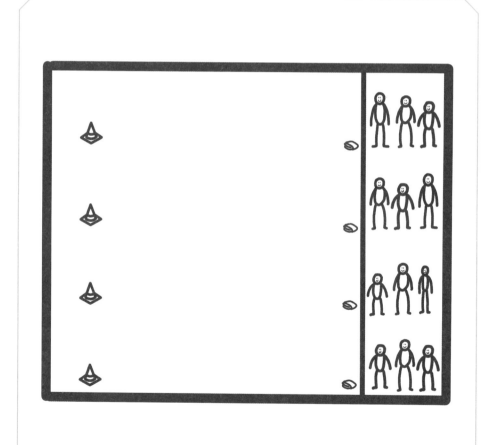

◉ 수업 전 준비해요

■ 팀 나누기
네 팀으로 나눈다. 인원에 따라 2~3팀으로 운영할 수 있다.

■ 준비물
스카프와 라바콘은 한 팀당 1개씩 준비한다.

◉ 수업 중 이렇게 활동해요

❶ 각 팀의 첫 번째 주자는 출발선에 대기하고 자신의 몸에 스카프를 넓게 펼친다.

❷ 스카프를 몸에서 떨어뜨리지 않고 달려서 반환점을 돌아 출발선으로 온다. 스카프를 손으로 만지거나 잡을 수 없다.

❸ 스카프가 바닥에 떨어지면 그 자리에서 다시 주워 스카프를 몸에 붙이고 출발한다.

❹ 반환점을 돌아온 주자는 다음 주자에게 스카프를 넘긴다. 이를 반복하여 마지막 주자가 먼저 들어온 팀이 승리한다.

더 Fun하게 만드는 난이도 조절 Tip
☑ 출발선과 반환점 사이의 거리를 조절한다.
☑ 스카프를 떨어뜨리면 미션을 수행한 후 줍도록 한다.

뻔하지 않은 활동 운영 Tip!
☑ 스카프는 손을 제외한 모든 부위에 붙일 수 있으나 몸통에 붙이는 것이 가장 유리하다.

03 꼬리 잡기

- 준 비 물 #스카프
- 교과연계 #달리기 #잡기
- 기본인원 #8명 이상
- 활동장소 #운동장 #체육관 #다목적실

한 줄 설명 : 자신의 꼬리를 지키면서 다른 친구의 꼬리 뺏기

☀ 수업 전 준비해요

▪ 팀 나누기

네 팀으로 나눈다. 팀당 인원이 4명 미만이라면 두 팀으로 나눈다.

▪ 준비물

스카프는 팀별로 다른 색상으로 인당 2개씩 준비한다. 팀 구역은 훌라후프나 원마커 등을 활용한다.

☀ 수업 중 이렇게 활동해요

❶ 모든 학생들은 팀 색깔의 스카프 2개를 바지에 넣어 몸의 옆에 위치하도록 한다.	❷ 각자 팀 구역 앞에서 게임을 시작하여 자유롭게 움직이면서 다른 팀의 스카프를 하나씩만 뺏는다. 이때, 서로 몸을 접촉하지 않도록 한다.

❸ 한번에 2개의 스카프를 빼앗지 못하며 스카프를 손에 들고 있는 학생은 다른 스카프를 뺏을 수 없다. 스카프를 2개 모두 뺏기면 아웃된다.	❹ 뺏은 스카프는 자신의 구역에 가서 내려두며 내려둔 스카프는 가져갈 수 없다. 제한 시간 동안 가장 많은 스카프를 획득한 팀이 승리한다.

더 Fun하게 만드는 난이도 조절 Tip
☑ 경기장의 크기를 조절한다.
☑ 꼬리의 개수를 조절한다.

뻔하지 않은 활동 운영 Tip!
☑ 만약 서로 신체 접촉이 생긴다면 무효로 처리하고 다시 시작한다.
☑ 스카프는 무릎 위치까지 떨어지도록 길이를 잘 조절하여 바지 속에 넣고, 몸의 앞이나 뒤에 위치하지 않도록 한다.

04 머리 어깨 무릎 발

- **준 비 물** #스카프
- **교과연계** #던지기 #잡기
- **기본인원** #개인 활동
- **활동장소** #운동장 #체육관 #다목적실

한 줄 설명 : 스카프를 위로 던져 정해진 신체 부위로 받는 활동

🔵 수업 전 준비해요

■ 팀 나누기
팀 없이 개인 활동으로 운영한다.

■ 준비물
스카프는 전체 인원수만큼 준비한다.

🔵 수업 중 이렇게 활동해요

❶ 스카프를 한손으로 던지기, 양손으로 던지기, 구겨서 던지기 등 머리 위로 던지는 연습을 한다.	❷ 교사의 지시에 따라 스카프를 머리 위로 던져 정해진 신체 부위로 받는다. 신체 부위에 스카프를 받고 일정 시간이 지나면 교사가 성공으로 인정한다.

❸ 스카프가 땅에 떨어지면 제자리에 앉는다.	❹ 마지막까지 스카프를 땅에 떨어뜨리지 않는 학생이 승리한다.

더 Fun하게 만드는 난이도 조절 Tip
- ☑ 개인 미션이 원활할 경우 친구와 서로 주고받는 미션을 준다.
- ☑ 추가 미션으로 돌아서 받기, 박수치고 받기, 미션동작 만들고 받기 등을 제시할 수 있다.

뻔하지 않은 활동 운영 Tip!
- ☑ 활동 중 노래를 활용하면 활발한 움직임을 유도할 수 있다.
- ☑ 어떻게 하면 스카프를 받기 좋게 던질 수 있을지 학생 스스로 생각할 시간을 준다.

05 하늘에서 스카프가 내린다면(피하기)

■ 준 비 물 #스카프 #접시콘
■ 교과연계 #달리기
■ 기본인원 #10명 이상
■ 활동장소 #운동장 #체육관 #다목적실

한 줄 설명 : 떨어지는 스카프가 몸에 닿지 않게 이동하기

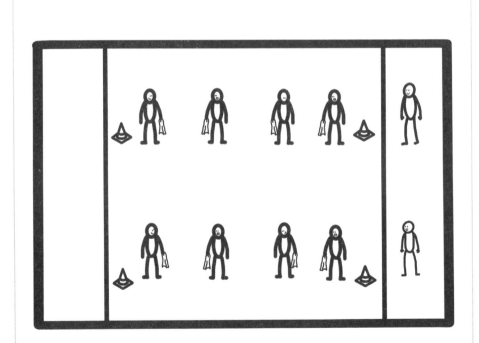

◉ 수업 전 준비해요

■ 팀 나누기
한 팀당 4~6명이 되도록 하며 인원수에 따라 2~4팀으로 운영할 수 있다.

■ 준비물
스카프는 전체 인원수만큼 준비하며 접시콘은 한 팀당 2개씩 준비한다.

◉ 수업 중 이렇게 활동해요

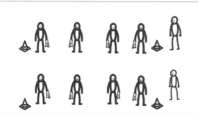

❶ 팀별로 순서를 정한 뒤 첫 번째 주자는 출발선에 서고 팀원들은 출발선과 도착선 사이에 일정한 간격을 두고 선다.

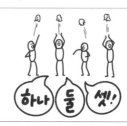

❷ 팀원들은 다함께 "하나, 둘, 셋"을 외치고 스카프를 이동하는 구간의 위로 동시에 던진다.

❸ 주자는 몸을 숙이고 스카프가 바닥에 떨어지기 전에 빠르게 도착선까지 움직인다. 이동 중에 스카프가 주자의 몸에 닿으면 실패한다.

❹ 주자가 도착하기 전에 스카프가 바닥에 떨어져도 실패이며 스카프가 몸에 닿지 않고 공중에 뜬 상태로 도착선을 통과하면 성공한다. 동일한 방법으로 주자를 바꿔 활동한다.

더 Fun하게 만드는 난이도 조절 Tip
☑ 한 팀의 인원을 조절한다.
☑ 출발선과 도착선 사이의 간격을 조절한다.

뻔하지 않은 활동 운영 Tip!
☑ 스카프를 구겨서 던지면 더 높게 던질 수 있음을 알려주고 연습한다.
☑ 스카프가 구간 안으로 던져질 수 있도록 연습하고 활동한다.

06

하늘에서 스카프가 내린다면(잡기)

- 준 비 물 #스카프 #접시콘
- 교과연계 #달리기
- 기본인원 #10명 이상
- 활동장소 #운동장 #체육관 #다목적실

한 줄 설명 : 공중에서 떨어지는 스카프를 모두 잡으면서 이동하기

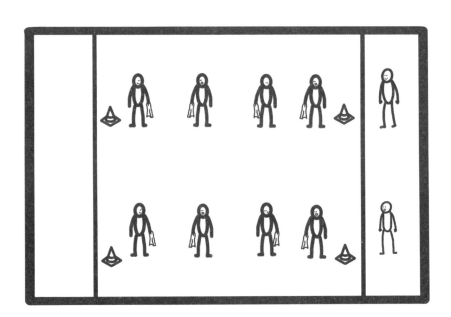

✸ 수업 전 준비해요

▪ 팀 나누기
한 팀당 4~6명이 되도록 하며 인원수에 따라 2~4팀으로 운영할 수 있다.

▪ 준비물
스카프는 전체 인원수만큼 준비하며 접시콘은 한 팀당 2개씩 준비한다.

✸ 수업 중 이렇게 활동해요

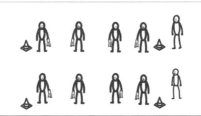	
❶ 팀별로 순서를 정한 뒤 첫 번째 주자는 출발선에 서고 팀원들은 출발선과 도착선 사이에 일정한 간격을 두고 선다.	❷ 팀원들은 다함께 "하나, 둘, 셋"을 외치고 스카프를 이동하는 구간의 위로 동시에 던진다.

❸ 주자는 떨어지는 스카프를 모두 잡으면서 도착선까지 이동한다. 떨어지는 스카프를 잡는 순서는 상관없다.	❹ 주자가 스카프를 잡기 전에 스카프가 하나라도 바닥에 떨어지면 실패하며 떨어지는 스카프를 모두 잡고 도착선으로 이동하면 성공한다. 동일한 방법으로 주자를 바꿔 활동한다.

더 Fun하게 만드는 난이도 조절 Tip
☑ 한 팀의 인원을 조절한다.
☑ 출발선과 도착선 사이의 간격을 조절한다.

뻔하지 않은 활동 운영 Tip!
☑ 스카프를 구겨서 던지면 더 높게 던질 수 있음을 알려주고 연습한다.
☑ 스카프가 구간 안으로 던져질 수 있도록 연습하고 활동한다.

07

스카프 뺏기

■ 준 비 물   #스카프 #훌라후프
■ 교과연계   #잡기
■ 기본인원   #8명 이상
■ 활동장소   #운동장 #체육관 #다목적실

한 줄 설명 : 훌라후프 밑에 있는 스카프 뺏기

🔅 수업 전 준비해요

■ 팀 나누기
4명이 한 팀이 되도록 팀을 나눈다.

■ 준비물
훌라후프는 한 팀당 1개, 스카프는 한 팀당 4개씩 준비한다. 술래에게 플레이스틱이나 뿅망치를 줄 수 있다.

🔅 수업 중 이렇게 활동해요

❶ 팀별로 2명은 스카프를 뺏는 역할이 되고 2명은 술래가 되어 스카프를 지킨다. 술래 2명은 훌라후프 안에 들어가서 앞뒤로 4개의 스카프를 지킨다.	❷ 스카프를 뺏는 역할은 다른 팀 훌라후프 밑에 있는 스카프를 술래에게 터치되지 않고 빼낸다. 빼낸 스카프는 경기장 밖에 팀별로 한 곳에 모아둔다.

❸ 술래에게 터치될 경우 미션 수행(예시-팔벌려 뛰기 5회) 후 다른 팀 훌라후프로 간다.	❹ 가장 오랫동안 스카프를 뺏기지 않은 팀이 승리한다.

더 Fun하게 만드는 난이도 조절 Tip
☑ 스카프를 뺏다가 터치될 경우 아웃이 되는 룰을 추가한다.
☑ 스카프의 개수를 조절한다.

뻔하지 않은 활동 운영 Tip!
☑ 술래의 터치와 스카프 뺏기가 동시에 이루어진 경우 술래가 우선이며 스카프를 뺏고 난 직후 술래가 터치할 경우는 스카프를 뺏은 걸로 인정한다.
☑ 훌라후프 밖으로 스카프가 길게 나오지 않게 스카프를 두 번 이상 접고 훌라후프 밑에 두도록 지도한다.

08 협동 스카프 잡기

- ■ 준 비 물   #스카프
- ■ 교과연계   #잡기 #던지기
- ■ 기본인원   #4명 이상
- ■ 활동장소   #운동장 #체육관 #다목적실

한 줄 설명 : 학급 전체가 스카프를 동시에 위로 던지고 옆으로 이동하여 친구가 던진 스카프 잡기

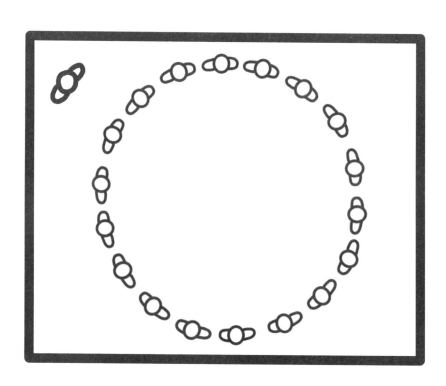

🌑 수업 전 준비해요

▪ 팀 나누기
학급 전체가 함께 활동한다.

▪ 준비물
스카프는 인원수만큼 준비한다.

🌑 수업 중 이렇게 활동해요

❶ 둥글게 큰 원을 만들어 서로를 바라보고 선다.

❷ 교사가 "하나, 둘, 셋"을 외치면 모든 학생들은 동시에 스카프를 자신의 머리 위로 높이 던진다.

❸ 스카프를 던지고 바로 자신의 오른쪽으로 이동하여 오른쪽 친구가 던진 스카프를 잡는다.

❹ 모두가 함께 던지고 잡기에 성공할 때까지 진행한 후 방향을 바꿔 왼쪽으로 이동한다.

더 Fun하게 만드는 난이도 조절 Tip
☑ 한번에 두 칸을 움직여 옆옆친구가 던진 스카프를 받는다.

뻔하지 않은 활동 운영 Tip!
☑ 스카프를 구겨 높이 던져서 스카프가 천천히 떨어질 수 있도록 연습한다.
☑ 옆으로 움직일 때 친구랑 부딪히지 않게 지도한다.

09 순발력 스카프 받기

■ 준 비 물   #스카프
■ 교과연계   #던지기 #잡기 #달리기
■ 기본인원   #5명 이상
■ 활동장소   #운동장 #체육관 #다목적실

한 줄 설명 : 자신이 위로 던진 스카프를 원을 빠르게 돌아 다시 잡기

☀ 수업 전 준비해요

■ 팀 나누기
4~5명이 한 팀이 되도록 팀을 나눈다.

■ 준비물
스카프는 한 팀당 한 개씩 준비한다.

☀ 수업 중 이렇게 활동해요

❶ 팀원 모두가 등을 맞대고 원을 만들어 원 밖을 바라본다. 원의 간격은 최대한 좁게 만든다.

❷ 첫 번째 주자는 한 걸음 앞으로 나와 스카프를 자신의 머리 위로 높게 던진다.

❸ 스카프가 떨어지기 전에 원을 한 바퀴 돌고 스카프를 잡는다. 스카프가 바닥에 닿으면 실패, 떨어지기 전에 잡으면 성공한다.

❹ 1회 시도 후 원으로 돌아가 옆 친구에게 스카프를 넘긴다. 같은 방법으로 모두 성공할 때까지 반복하여 활동한다.

더 Fun하게 만드는 난이도 조절 Tip
☑ 원을 만드는 팀원 수를 조절한다.

뻔하지 않은 활동 운영 Tip!
☑ 스카프를 위로 높게 던지고 잡는 활동이 익숙해진 후 활동한다.
☑ 원과 멀리 떨어져 활동할수록 어려워지며 너무 가까이 활동할 경우 친구와 부딪힐 수 있으니 유의한다.

10 스카프 수건 돌리기

■ 준 비 물 #스카프
■ 교과연계 #달리기
■ 기본인원 #8명 이상
■ 활동장소 #운동장 #체육관

한 줄 설명 : 친구 뒤에 몰래 스카프를 놓고 빠르게 원 돌기

☀ 수업 전 준비해요

■ 팀 나누기
술래를 한 명 뽑는다.

■ 준비물
스카프는 1개 준비한다.

☀ 수업 중 이렇게 활동해요

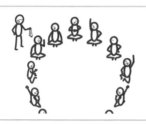

❶ 술래를 제외한 나머지 친구는 원을 만들어서 서로 마주 보고 앉는다. 친구들은 술래만 쳐다볼 수 없고 앞을 바라본다.

❷ 술래는 친구들 몰래 한 친구 뒤에 스카프를 두고 원을 빠르게 돈다. 등 뒤에 스카프가 있다는 것을 안 친구는 스카프를 잡고 술래를 잡으러 뛰어간다.

❸ 술래는 스카프를 가진 친구에게 잡히지 않고 원을 돌아 그 친구의 자리에 앉는다. 스카프를 가진 친구는 술래가 되어 다른 친구의 뒤에 스카프를 둔다.

❹ 본인 뒤에 스카프가 있는지 모르고 술래가 한 바퀴 돌고 와서 친구를 터치하거나 스카프를 가진 친구가 원을 도는 술래를 따라가 터치하면 미션을 수행하고 활동을 다시 한다.

더 Fun하게 만드는 난이도 조절 Tip
☑ 친구들 사이의 간격을 좁히거나 넓혀 원의 크기를 조절한다.

뻔하지 않은 활동 운영 Tip!
☑ 스카프를 애매한 위치에 두지 않고 친구 등 뒤에 정확하게 두도록 한다.
☑ 술래가 스카프를 둘 때 다함께 노래 부르며 활동한다.

memo

플레이스틱

플레이스틱은 부드럽고 말랑말랑한 스펀지 재질로 롱 스틱과 숏 스틱, 그 사이를 연결해 주는 커넥터 등이 있으며 학교 현장에는 대부분 롱 스틱을 사용한다. 신체 활동에서는 길고 가볍고 말랑한 특성을 이용하여 술래잡기에서 신체 접촉을 하지 않고 태그할 때 주로 활용하며 플레이스틱 세우기, 주고받기, 중심 잡기 등 다양한 활동을 구성할 수 있다. 플레이스틱을 활용한 활동을 통해 균형감각, 협응력, 창의력 등을 기를 수 있다.

01 순간이동 스틱 잡기

- ■ 준 비 물 #플레이스틱
- ■ 교과연계 #잡기 #달리기
- ■ 기본인원 #6명 이상
- ■ 활동장소 #체육관 #다목적실

한 줄 설명 : 친구가 떠난 자리의 플레이스틱이 쓰러지기 전에 잡기

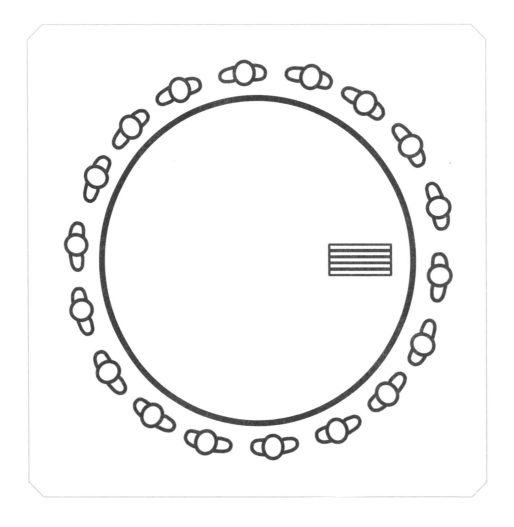

🔵 수업 전 준비해요

▪ 팀 나누기
팀 나누기 없이 모두 함께 활동한다.

▪ 준비물
플레이스틱은 전체 인원수만큼 준비한다.

🔵 수업 중 이렇게 활동해요

❶ 모든 학생은 양팔 간격으로 거리를 두고 큰 원을 만든다.	❷ 각자 플레이스틱을 잡아 자신의 앞에 세운다.
❸ 교사의 지시에 맞추어 미션을 한다. (예시 – 오른쪽으로 1칸 이동, 왼쪽으로 2칸 이동, 노란색 스틱만 이동 등)	❹ 3번 이상 성공하면 더 높은 난이도의 미션으로 넘어간다.

더 Fun하게 만드는 난이도 조절 Tip
☑ 학생 간의 간격을 조절한다.
☑ 제자리에서 할 수 있는 미션을 준다.
  (예시 – 제자리에서 한 바퀴 돌고 본인 스틱 잡기 등)

뻔하지 않은 활동 운영 Tip!
☑ 미션의 단계를 준비하고 팀을 나눠 경쟁 활동으로 운영할 수 있다.
☑ 음악을 준비하여 음악과 함께 활동을 한다.

02 징검다리 건너기

- **준 비 물** #플레이스틱
- **교과연계** #균형잡기 #걷기
- **기본인원** #6명 이상
- **활동장소** #체육관 #다목적실 #교실

한 줄 설명 : 바닥에 놓인 플레이스틱 징검다리를 밟아 건너기

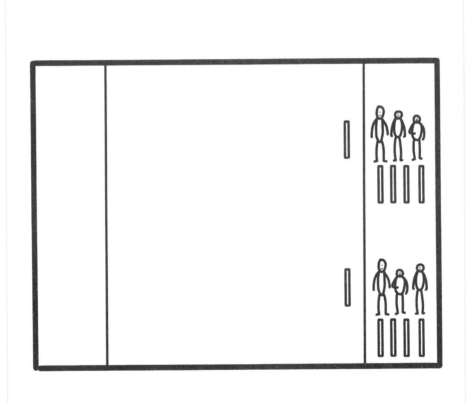

◉ 수업 전 준비해요

▪ 팀 나누기
한 팀당 5~6명으로 구성되도록 2~4팀으로 나눈다.

▪ 준비물
플레이스틱은 학급 인원수만큼 준비한다.

◉ 수업 중 이렇게 활동해요

❶ 각 팀별로 징검다리를 건널 주자를 정하고 주자는 출발선에 대기한다. 나머지 팀원은 경기장에 들어와 플레이스틱을 하나씩 들고 도착선 방향으로 일렬로 선다.

❷ 팀원은 모두 앉아서 플레이스틱을 출발선과 평행하게 두고, 주자는 플레이스틱을 밟으면서 도착선으로 이동한다.

❸ 팀원은 주자가 본인의 스틱을 건너면 빠르게 맨 앞으로 이동하여 다시 주자가 스틱을 밟을 수 있게 징검다리를 놓아준다.

❹ 주자는 플레이스틱이 없는 곳을 밟고 이동할 수 없다. 여러 팀 중 먼저 도착선에 도착한 팀이 승리하며 주자를 바꿔 다시 활동한다.

더 Fun하게 만드는 난이도 조절 Tip
☑ 징검다리 사이의 거리를 멀게 한다.
☑ 스틱의 수를 1인당 1개에서 2개로 늘린다.

뻔하지 않은 활동 운영 Tip!
☑ 징검다리를 배치할 때 무리하게 거리를 두지 않도록 하며 주자는 넘어지지 않게 유의한다.
☑ 주자는 플레이스틱을 밟고 건널 때 바닥을 함께 밟을 수 있으나 바닥만 밟고 건너지 않도록 한다.

03 스틱 펜싱

- 준 비 물 #플레이스틱 #접시콘
- 교과연계 #치기 #달리기
- 기본인원 #2명 이상
- 활동장소 #운동장 #체육관 #다목적실 #교실

한 줄 설명 : 플레이스틱으로 상대의 발을 먼저 터치하기

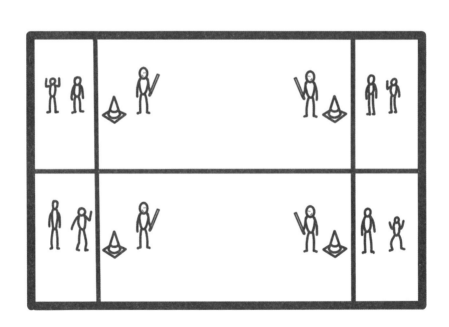

◉ 수업 전 준비해요

■ 팀 나누기
인원수 15명 미만은 두 팀으로 나누고 15명 이상은 네 팀으로 나누어 두 팀씩 활동한다.

■ 준비물
플레이스틱은 팀 개수만큼 준비하고 접시콘은 한 경기장에 2개씩 준비한다.

◉ 수업 중 이렇게 활동해요

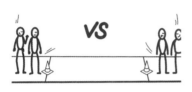

❶ 각 팀별로 먼저 출전할 순서를 정해 일렬로 선다. 서로 상대편을 마주보고 서며 각 팀의 앞에 접시콘을 둔다.

❷ 첫 번째 순서는 플레이스틱을 들고 접시콘 앞으로 나온다. 경기를 시작하면 재빨리 상대방의 발을 스틱으로 터치한다. 상대의 발을 스틱으로 먼저 터치한 사람이 승리한다.

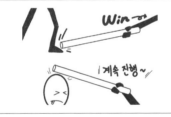

❸ 발 이외의 부위를 터치할 경우는 경기를 계속 진행하며 경기 중 접시콘 밖으로 나간 경우에는 패배한다.

❹ 승리한 팀은 1점을 얻고 다음 순서가 나와 경기한다. 마지막 순서까지 경기하여 점수가 높은 팀이 승리한다.

더 Fun하게 만드는 난이도 조절 Tip
☑ 무릎 아래 터치하기와 같이 공격할 수 있는 범위를 넓힌다.

뻔하지 않은 활동 운영 Tip!
☑ 뒤에서 경기를 관전하는 학생은 접시콘 앞으로 들어오거나 장난치지 않고 본인의 팀을 응원하도록 한다.
☑ 상대방의 몸을 일부러 때리지 않도록 지도한다.

04 스틱 술래잡기

- 준 비 물   #플레이스틱
- 교과연계   #달리기 #술래잡기
- 기본인원   #6명 이상
- 활동장소   #체육관 #다목적실 #교실

한 줄 설명 : 플레이스틱을 바닥에 붙인 상태로 움직여 도망가는 친구 터치하기

🔵 수업 전 준비해요

■ 팀 나누기
술래 1명을 정한다.

■ 준비물
플레이스틱은 학생수만큼 준비한다.

🔵 수업 중 이렇게 활동해요

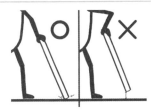

❶ 술래는 플레이스틱의 한쪽 끝을 바닥에 붙이고 다른 끝부분은 손으로 잡는다. 플레이스틱은 항상 바닥에 붙어 있어야 하며 공중에서 들고 움직일 수 없다.

❷ 술래는 친구들의 발을 플레이스틱으로 터치하고 친구들은 술래를 피해 움직인다.

❸ 터치된 친구는 술래가 되어 플레이스틱을 들고 기존 술래와 함께 친구의 발을 터치한다.

❹ 플레이스틱이 바닥에서 떨어진 상태로 발을 터치한 경우나 발 이외의 부분을 터치한 경우 술래가 되지 않는다. 술래가 점차 늘어나 모든 학생이 술래가 되면 경기를 종료한다.

더 Fun하게 만드는 난이도 조절 Tip
☑ 경기장의 크기를 조절한다.
☑ 터치된 친구가 술래가 되지 않고 아웃되는 방법으로 운영한다.

뻔하지 않은 활동 운영 Tip!
☑ 두 팀으로 나눠 제한 시간 안에 상대팀을 더 빨리 아웃시키는 활동으로 변형할 수 있다.
☑ 무리해서 술래를 피하다 부딪히거나 스틱에 걸려 넘어지지 않도록 유의한다.

05 스틱 림보

■ 준 비 물 #플레이스틱
■ 교과연계 #비틀기 #모양바꾸기 #균형잡기
■ 기본인원 #10명 이상
■ 활동장소 #체육관 #다목적실 #교실

한 줄 설명 : 미선지를 뽑아 다양한 신체 높이의 플레이스틱 림보 통과하기

◉ 수업 전 준비해요

■ 팀 나누기
두 팀으로 나눈다.

■ 준비물
플레이스틱은 한 팀당 1개씩 준비하고, 여러 신체부위가 적힌 미션지와 숫자가 적힌 미션지를 준비한다.

◉ 수업 중 이렇게 활동해요

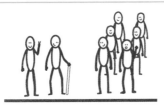

❶ 두 팀으로 나누어 각 팀에서 림보 기둥 역할 2명과 나머지 림보를 넘는 역할을 정한다.

❷ 각 팀은 여러 신체부위가 적힌 미션지 1장과 숫자가 적힌 미션지를 1장씩 뽑는다.

❸ 림보 기둥 역할은 미션지에 적힌 신체부위에 스틱을 고정시키고, 나머지 림보를 넘는 역할은 모두 림보를 넘는다.

❹ 미션지에 적힌 숫자보다 림보에 성공한 팀원 수가 많다면 +1점을 획득한다. 역할을 바꿔 여러 번 활동한 후 점수가 더 높은 팀이 승리한다.

더 Fun하게 만드는 난이도 조절 Tip
- ☑ 림보 기둥 역할이 플레이스틱을 잡지 않고 손바닥 위에 올리도록 한다.
- ☑ 림보를 넘는 자세와 방법을 다양하게 하거나 한 가지로만 정한다.

뻔하지 않은 활동 운영 Tip!
- ☑ 림보를 건들거나 떨어뜨리면 실패한다는 규칙을 설명해준다.
- ☑ 신장이 다른 두 친구가 림보 기둥 역할이 되어 플레이스틱이 기울어지더라도 자연스럽게 활동한다.

06 협동 스틱 이어달리기

- 준 비 물 #플레이스틱 #라바콘
- 교과연계 #잡기 #걷기 #달리기
- 기본인원 #4명 이상
- 활동장소 #운동장 #체육관 #다목적실

한 줄 설명 : 두 명이 함께 플레이스틱 양끝을 손으로 지지하여 이어달리기

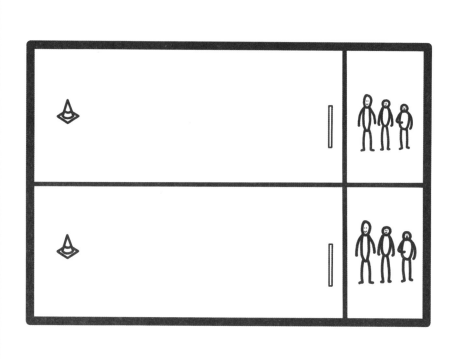

◉ 수업 전 준비해요

■ 팀 나누기
두 팀으로 나눈다. 각 팀은 2인 1조가 되도록 두 명씩 짝짓는다.

■ 준비물
플레이스틱과 라바콘은 한 팀당 1개씩 준비한다.

◉ 수업 중 이렇게 활동해요

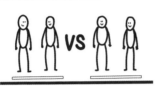

❶ 팀별로 달릴 순서를 정해 두 명씩 맞춰 선다.

❷ 첫 번째 주자 두 명은 플레이스틱을 사이에 두고 양끝을 손바닥이나 손으로 살짝 밀어 스틱이 공중에 뜨도록 한다.

❸ 플레이스틱이 떨어지지 않도록 조심히 반환점을 돌고 와서 다음 주자에게 플레이스틱을 넘긴다.

❹ 플레이스틱이 떨어진 경우 그 자리에서 다시 준비하여 출발한다. 마지막 주자까지 먼저 돌아온 팀이 승리한다.

더 Fun하게 만드는 난이도 조절 Tip
☑ 스틱을 지지할 신체 부위를 변경한다. (예시 – 배, 허리, 어깨 등)
☑ 손가락으로 지지하기, 손바닥 위에 올리기 등 두 학생이 다양한 방법으로 플레이스틱을 운반하도록 한다.

뻔하지 않은 활동 운영 Tip!
☑ 활동 전 짝꿍과 함께 플레이스틱을 손으로 지지하는 연습을 한다.

07 스틱 공 옮기기

- ■ 준 비 물 #플레이스틱 #공 #라바콘
- ■ 교과연계 #잡기 #걷기
- ■ 기본인원 #4명 이상
- ■ 활동장소 #운동장 #체육관 #다목적실

한 줄 설명 : 두 명이 2개의 스틱 위에 공을 올려 반환점 돌아 이어달리기

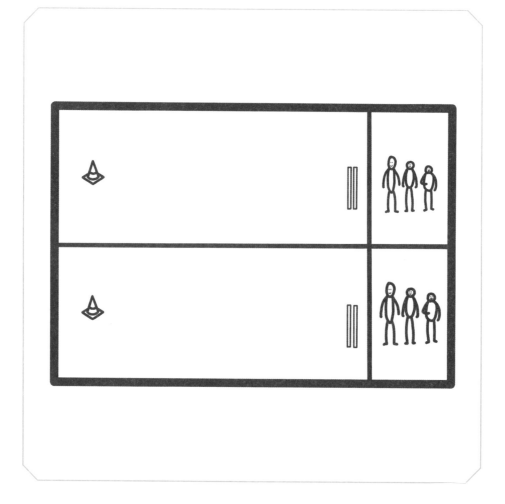

◉ 수업 전 준비해요

■ 팀 나누기
두 팀으로 나눈다. 각 팀은 2인 1조가 되도록 두 명씩 짝짓는다.

■ 준비물
플레이 스틱은 한 팀당 2개씩, 공과 라바콘은 1개씩 준비한다.

◉ 수업 중 이렇게 활동해요

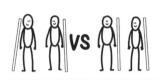	
❶ 출발선에 팀별로 순서를 정해 두 명씩 선다. 첫 번째 주자 두 명은 플레이스틱을 한 개씩 든다.	❷ 첫 번째 주자들은 마주보고 서서 스틱이 11자가 되도록 양손에 하나씩 쥔다. 준비되었다면 두 번째 주자가 스틱 위에 공을 올려준다.

❸ 주자들은 공이 떨어지지 않게 반환점을 돌아 출발선으로 온다. 출발선에 온 주자는 다음 주자에게 스틱과 공을 넘긴다.	❹ 공이 떨어진 경우 두 친구가 협동하여 스틱으로 공을 다시 주워 이동한다. 같은 방법으로 마지막 주자까지 먼저 도착한 팀이 승리한다.

더 Fun하게 만드는 난이도 조절 Tip
☑ 공의 크기나 종류를 바꾼다.
☑ 출발할 때 공을 바닥에 두고 두 친구가 직접 스틱으로 공을 잡아 출발한다.

뻔하지 않은 활동 운영 Tip!
☑ 공을 주울 때 손을 사용하지 않고 스틱을 이용해 줍도록 한다.
☑ 여러 팀을 구성하여 토너먼트 형식으로 경기를 할 수 있다.

08 눈 가리고 장애물 건너기

■ 준 비 물 #플레이스틱 #접시콘 #안대
■ 교과연계 #걷기
■ 기본인원 #4명 이상
■ 활동장소 #체육관 #다목적실

한 줄 설명 : 눈을 가리고 스틱과 연결된 친구의 말을 듣고 장애물 피하기

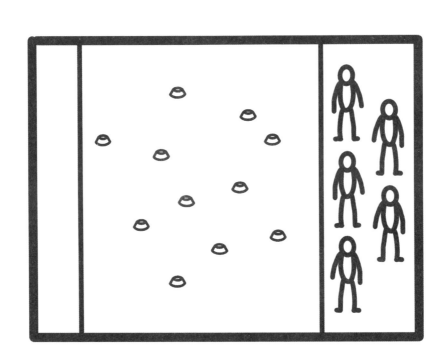

◉ 수업 전 준비해요

■ 팀 나누기
두 팀으로 나눈다. 각 팀에서 2인 1조가 되도록 짝짓는다.

■ 준비물
플레이 스틱과 안대는 학급 인원수의 절반만큼 준비하고, 접시콘은 학급 인원수만큼 준비한다.

◉ 수업 중 이렇게 활동해요

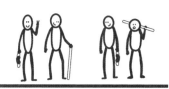	
❶ 학생들과 함께 경기장 안에 접시콘으로 장애물을 만든 후, 출발선 뒤에 2인 1조로 구성된 팀원끼리 일렬로 선다.	❷ 두 주자는 플레이스틱의 양끝을 손으로 잡는다. 둘 중 한 명은 안대로 눈을 가린 상태로 도착선을 향해 함께 움직인다.

❸ 안대로 눈을 가린 팀원은 스틱과 연결된 팀원의 지시에 따라 장애물을 밟지 않고 이동한다. 둘 중 한 명이라도 장애물을 밟으면 안대를 벗고 다시 출발선으로 돌아가 우리 팀 가장 마지막 주자 뒤에서 순서를 기다린다.	❹ 도착선까지 무사히 도착했다면 다음 주자들이 출발하며 모든 주자가 먼저 들어온 팀이 승리한다.

더 Fun하게 만드는 난이도 조절 Tip
- ☑ 접시콘을 여러개 붙여 더 어려운 장애물을 만든다.
- ☑ 플레이스틱 2개를 사용하여 양손으로 주자를 연결한다.

뻔하지 않은 활동 운영 Tip!
- ☑ 경기장 밖의 팀원들이 경기장 안의 팀원에게 영향을 주지 않도록 지도한다.
- ☑ 접시콘으로 한 사람당 1개 이상의 장애물을 만들도록 한다.

09 동물의 세계 가위 바위 보!

- ■ 준 비 물 #플레이스틱 #접시콘
- ■ 교과연계 #달리기 #술래잡기
- ■ 기본인원 #2명 이상
- ■ 활동장소 #체육관 #다목적실

한 줄 설명 : 동물 묘사 가위 바위 보를 한 후 이긴 사람이 스틱으로 술래잡기하기

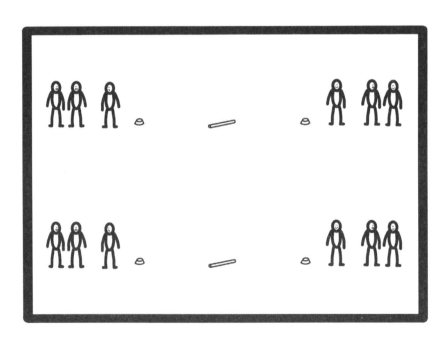

수업 전 준비해요

■ 팀 나누기
16명 이상은 네 팀으로 나누고, 15명 이하는 두 팀으로 나눈다.

■ 준비물
플레이스틱은 두 팀당 1개, 접시콘은 한 팀당 1개씩 준비한다.

수업 중 이렇게 활동해요

❶ 동물 가위바위보를 할 동물을 정하고, 그 동물을 표현할 동작도 함께 정한다. (예시 – 가위=호랑이, 바위=토끼, 보=모기)	❷ 각 팀 내에서 순서를 정해 일렬로 서고, 두 팀 첫 주자 앞에 접시콘을 두고 간격을 두고 서로를 마주본다. 각 팀의 첫 번째 주자는 접시콘 사이에 있는 스틱 앞에서 "가위바위보"구령 이후 본인이 선택한 동물 표현 동작을 한다.

❸ 가위바위보에서 진 친구는 접시콘 뒤로 도망가고 이긴 친구는 앞에 있는 스틱을 잡아 도망가는 친구를 터치한다.	❹ 가위바위보를 할 때 함께 정한 동물 표현 동작 외에 다른 동작을 할 수 없으며 했을 경우 가위바위보에 진 것으로 약속한다. 두 팀 중 한 팀이 모두 아웃되면 경기가 종료된다.

더 Fun하게 만드는 난이도 조절 Tip
☑ 접시콘 사이의 간격을 조절한다.

뻔하지 않은 활동 운영 Tip!
☑ 만약 다른 동물을 표현하거나 동작을 틀릴 경우 어떻게 할지 정확하게 규칙을 정하고 시작한다.
☑ 가위바위보를 이긴 학생은 스틱 이외의 신체로 상대방을 터치할 수 없다.

10 술래 몰래 포스트잇 떼기

- ■ 준 비 물 #플레이스틱 #포스트잇 #안대
- ■ 교과연계 #달리기
- ■ 기본인원 #6명 이상
- ■ 활동장소 #체육관 #다목적실 #교실

한 줄 설명 : 제한 시간 안에 술래에게 붙어있는 포스트잇 떼어내기

◉ 수업 전 준비해요

■ 팀 나누기
인원에 따라 술래 1~2명을 정한다.
(20명 기준 술래 2명 추천)

■ 준비물
플레이스틱과 안대는 술래의 수만큼 준비하며
포스트잇은 여러 번 활동할 만큼 충분히 준비
한다.

◉ 수업 중 이렇게 활동해요

❶ 술래의 등이나 팔에 포스트잇을 5~10장 정도 붙인다.

❷ 술래는 안대를 쓰고 플레이스틱으로 다른 친구들을 터치한다. 터치된 친구는 아웃이 된다.

❸ 친구들은 술래의 플레이스틱을 피해 술래의 몸에 붙어있는 포스트잇을 떼어낸다.

❹ 술래의 포스트잇을 다 떼어내면 활동이 끝나며 술래를 바꿔 다시 활동한다.

더 Fun하게 만드는 난이도 조절 Tip
☑ 경기장의 크기를 조절한다.
☑ 스틱을 2개 사용한다.

뻔하지 않은 활동 운영 Tip!
☑ 술래는 스틱을 세게 휘두르지 않고 바닥에 붙여 다니거나 살살 움직이도록 한다.
☑ 술래끼리 부딪히거나 경기장 밖으로 나가지 않도록 유의한다.

memo

맨몸신체활동

교구가 필요 없는 맨몸 신체활동은 섬세한 조작이 필요하지 않아 저학년 발달단계에서도 적절히 활용할 수 있으며, 신체활동 전담 교사가 없는 저학년 선생님들도 교구 준비시간을 줄이고 충분히 즐겁게 활동할 수 있다는 장점이 있다. 또한 교구로부터 발생하는 부상을 줄일 수도 있으며, 자투리 시간을 활용하여 활동할 수 있다는 장점도 있다.

01 그물 술래잡기

- 준 비 물 #맨몸
- 교과연계 #달리기 #술래잡기
- 기본인원 #10명 이상
- 활동장소 #운동장 #체육관

한 줄 설명 : 술래에게 잡히면 함께 그물이 되어 술래잡기 하기

◉ 수업 전 준비해요

■ 팀 나누기
첫 술래 1~2명을 뽑고 경기가 끝날 때마다 술래를 바꿔가며 활동한다.

■ 준비물
운동장 수업이라면 라인기나 콘으로 경기장 크기를 표시해주면 좋다.

◉ 수업 중 이렇게 활동해요

❶ 술래를 제외한 나머지 도망가는 친구들은 술래에게 잡히지 않게 멀리 퍼지고 술래는 그물이 되어 도망가는 친구들을 잡는다.

❷ 도망가는 친구가 그물에 닿으면 그물 끝에 있는 술래의 손을 잡고 함께 그물 역할을 한다.

❸ 도망가는 친구들은 술래의 손 사이로 빠져나갈 수 없지만 그물이 끊긴 경우 빠져나갈 수 있다.

❹ 술래들은 서로 잡은 손이 떨어진 상태로는 도망가는 친구들을 잡을 수 없다. 모든 친구들이 그물에 잡히면 다시 술래를 정해 활동한다.

더 Fun하게 만드는 난이도 조절 Tip
☑ 경기장의 크기를 조절한다.
☑ 술래의 수를 늘려 그물의 개수를 늘린다.

뻔하지 않은 활동 운영 Tip!
☑ 그물의 인원이 많아질 경우 방향 전환이 어렵다. 이때는 손을 놓고 뒤돌아서 다시 손을 잡아 앞뒤 방향전환을 쉽게 한다.
☑ 모두 잡힐 때까지 활동하거나 제한 시간을 정해 활동할 수 있다.

미션 무궁화 꽃이 피었습니다.

- 준 비 물 #맨몸
- 교과연계 #달리기 #표현적움직임
- 기본인원 #5명 이상
- 활동장소 #운동장 #체육관 #다목적실

한 줄 설명 : 미션에 맞춰 무궁화 꽃이 피었습니다 하기

◉ 수업 전 준비해요

■ 팀 나누기
술래 한 명을 정하고, 인원이 많을 경우 경기장을 두 군데로 나눠 운영해도 된다.

■ 준비물
출발선을 라인기나 콘으로 표시해주면 좋다.

◉ 수업 중 이렇게 활동해요

❶ 교사는 활동에 앞서 미션을 먼저 말한다. 친구들은 술래가 뒤돌아서 "무궁화 꽃이 피었습니다."를 외칠 때 미션에 맞는 행동으로 술래에게 다가간다.

❷ 미션에 맞지 않는 행동을 할 때는 교사가 탈락을 외치며 술래가 구호를 외치고 뒤돌았을 때 움직인 친구는 술래가 탈락을 외친다. 탈락한 친구는 술래와 손을 잡고 대기한다.

❸ 탈락한 친구들은 이어서 손을 잡고 미션을 하는 친구들은 술래에게 다가가 술래와 탈락한 친구의 이어진 손을 끊고 도망간다.

❹ 술래는 도망가는 친구를 잡아야 하며 잡힌 친구가 다시 술래가 된다. 술래가 아무도 잡지 못할 경우 술래를 다시 뽑아서 활동한다.

더 Fun하게 만드는 난이도 조절 Tip
☑ 출발선과 술래의 간격을 조절한다.

뻔하지 않은 활동 운영 Tip!
☑ 교사가 여러 가지 미션을 미리 준비하되, 학생들이 직접 미션을 말하는 기회를 준다.
☑ 미션에 어울리지 않는 표현일지도 왜 그렇게 표현했는지 학생에게 이야기를 들어본다.

03 대장 찾기

- ■ 준 비 물 #맨몸
- ■ 교과연계 #표현적 움직임
- ■ 기본인원 #10명 이상
- ■ 활동장소 #운동장 #체육관 #다목적실 #교실

한 줄 설명 : 대장이 하는 행동을 몰래 따라하며 술래에게 들키지 않기

수업 전 준비해요

▪ 팀 나누기
술래를 먼저 한 명 정하고 술래가 모르게 대장을 한 명 정한다.

▪ 준비물
다양한 행동 표현(돌기, 점프하기, 다리 찢기 등)을 칠판에 적어두면 표현이 다채로워진다.

수업 중 이렇게 활동해요

❶ 술래를 한 명 뽑아 술래는 눈을 가리고 교사가 손짓으로 한 명의 대장을 뽑는다. 모든 학생들은 원을 만들고 술래는 원 안에 들어간다.	❷ 대장은 술래 몰래 다양한 행동 표현을 하고 나머지 친구들은 대장의 행동을 따라한다.
	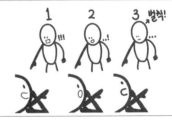
❸ 술래는 제자리에서 돌며 친구들을 관찰하여 대장이 누구인지 찾는다.	❹ 술래는 대장이 누구인지 3번 안에 맞히면 승리하며 맞히지 못할 경우 벌칙을 수행한다.

더 Fun하게 만드는 난이도 조절 Tip
☑ 대장이 행동 표현을 어려워하는 경우 교사의 발문을 통해 다양한 행동 표현을 이끌어낸다.

뻔하지 않은 활동 운영 Tip!
☑ 학생들이 활동 내내 대장만 쳐다보지 않도록 지도한다.
☑ 대장의 행동 외에 학생 개인의 돌발 행동을 자제하도록 한다.

04 한걸음 술래잡기

- 준 비 물 #맨몸
- 교과연계 #걷기 #술래잡기
- 기본인원 #4명 이상
- 활동장소 #운동장 #체육관 #다목적실 #교실

한 줄 설명 : 한걸음씩 움직이면서 술래잡기 하기

◉ 수업 전 준비해요

■ 팀 나누기
술래를 1명 정한다. 인원이 많다면 경기장을 두 군데로 나눠 활동한다.

■ 준비물
술래가 팀조끼를 입고 있으면 시각적으로 찾기 쉽다.

◉ 수업 중 이렇게 활동해요

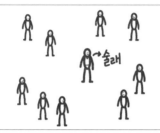	
❶ 경기장 가운데에 술래가 대기하고 도망가는 친구들은 술래를 피해 퍼져서 대기한다.	❷ 술래는 "하나, 둘, 셋" 구호를 외치고 한걸음 움직인다. 도망가는 친구들은 술래가 "셋"을 외칠 때, 원하는 방향으로 한 걸음 움직인다.

❸ 한 걸음 움직인 후에는 움직일 수 없으며 술래는 손만 뻗어 도망가는 친구를 터치한다. 터치된 친구는 아웃이 된다.	❹ 술래가 구호를 외치기 전에 먼저 움직이거나 구호를 외친 후에 움직인 경우도 아웃이 된다.

더 Fun하게 만드는 난이도 조절 Tip
☑ 경기장의 크기를 조절한다.
☑ 술래를 2명 이상으로 정해 술래의 활동 반경을 넓힌다.

뻔하지 않은 활동 운영 Tip!
☑ "하나, 둘, 셋" 구호를 학급 상황에 맞게 다른 구호로 바꿔도 된다.
☑ 활동 시간을 정하거나 일정 인원이 아웃되면 술래를 바꿔 다시 활동한다.

05 비밀 술래잡기

- 준 비 물   #맨몸
- 교과연계   #달리기 #술래잡기
- 기본인원   #8명 이상
- 활동장소   #운동장 #체육관 #다목적실

한 줄 설명 : 비밀 술래를 추측하여 술래잡기 하기

◉ 수업 전 준비해요

■ 팀 나누기
20명 기준 비밀 술래 3명을 정한다. 신체 활동에 적극적인 친구와 소극적인 친구를 섞어서 선택하면 좋다.

■ 준비물
콘이나 라인기를 이용하여 경기장을 표시해주면 좋다.

◉ 수업 중 이렇게 활동해요

❶ 교사는 활동 전에 비밀 술래를 정한 후 비밀 술래끼리 서로를 확인하도록 한다.

❷ 경기가 시작되면 모두 비밀 술래에게 잡히지 않게 흩어진다.

❸ 비밀 술래는 친구들을 몰래 터치하여 아웃시킬 수 있으며 도망가는 친구들은 다른 친구를 터치할 수 없다.

❹ 술래보다 도망가는 친구들의 인원이 적어지면 활동을 끝낸다.

더 Fun하게 만드는 난이도 조절 Tip
☑ 술래의 인원을 조절한다.
☑ 경기장의 크기를 조절한다.

뻔하지 않은 활동 운영 Tip!
☑ 비밀 술래가 들킨 경우에도 술래를 피해 활동을 이어간다.
☑ 비밀 술래에게 잡힌 친구들은 이야기하지 않고 경기장 밖으로 이동하도록 지도한다.

06 허수아비 술래잡기

- **준 비 물** #맨몸
- **교과연계** #달리기 #술래잡기
- **기본인원** #8명 이상
- **활동장소** #운동장 #체육관 #다목적실

한 줄 설명 : 술래와 허수아비를 피해 이동하기

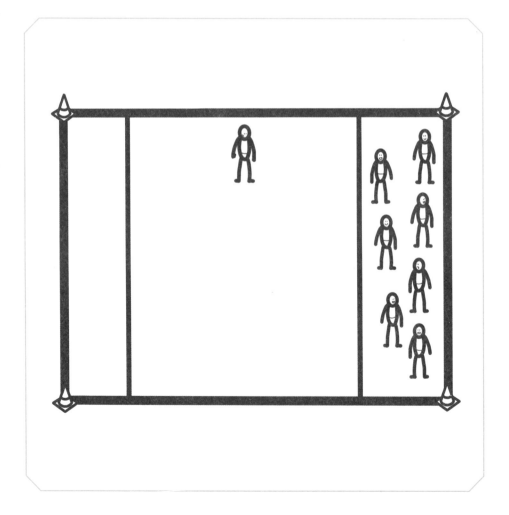

◉ 수업 전 준비해요

▪ 팀 나누기
술래 1명을 뽑는다.

▪ 준비물
활동 장소가 넓을 경우 콘으로 경기장 크기를 조절하면 좋다.

◉ 수업 중 이렇게 활동해요

❶ 교사의 신호에 친구들은 술래를 피해 출발선에서 도착선까지 이동해야 한다. 술래는 출발선과 도착선 사이의 경기장을 자유롭게 이동할 수 있다.

❷ 술래는 경기장 내에 있는 친구들을 잡을 수 있다. 잡힌 친구는 그 자리에서 허수아비가 된다.

❸ 허수아비는 이동할 수 없으며 제자리에서 술래와 함께 친구들을 잡는다. 허수아비에게 잡힌 친구도 그 자리에서 허수아비가 된다.

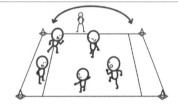

❹ 교사의 신호에 친구들은 출발선에서 도착선으로 이동하고 다음 신호에는 도착선에서 출발선으로 다시 이동한다. 활동을 여러 번 진행한 후 술래를 바꿔 다시 진행한다.

더 Fun하게 만드는 난이도 조절 Tip
☑ 경기장의 크기를 조절한다.
☑ 술래의 인원을 늘린다.

뻔하지 않은 활동 운영 Tip!
☑ 학생들이 경기장 밖으로 이동하지 않게 지도한다.
☑ 허수아비는 위치를 옮길 수 없으나 제자리에서 앞뒤 방향을 바꿀 수 있다.

07 남은 자리 쟁탈전

- 준 비 물   #맨몸
- 교과연계   #달리기
- 기본인원   #10명 이상
- 활동장소   #운동장 #체육관

한 줄 설명 : 두 사람이 동시에 원을 돌아 남은 한 자리 쟁탈하기

수업 전 준비해요

■ **팀 나누기**
술래 1명을 뽑는다.

■ **준비물**
원마커를 이용하면 원을 만들기 쉽다.

수업 중 이렇게 활동해요

❶ 술래를 제외한 모든 친구들은 원을 만들어 앉고 술래는 원을 천천히 돈다.

❷ 술래는 나란히 앉아있는 두 친구의 어깨에 손을 동시에 올린다.

❸ 술래가 지정한 친구들은 서로 반대 방향으로 원을 돈다. 술래는 친구들이 원을 돌 때 빈자리 중 한 자리에 앉고 원을 먼저 돈 친구가 남은 한 자리에 앉는다.

❹ 앉지 못한 친구는 술래가 되어 다시 다른 친구들의 어깨에 손을 올려 활동을 이어간다.

> **더 Fun하게 만드는 난이도 조절 Tip**
> ☑ 뛰는 방법을 두 발로 뛰기, 한 발로 뛰기 등으로 바꿀 수 있다.

> **뻔하지 않은 활동 운영 Tip!**
> ☑ 원을 도는 친구들끼리 부딪히지 않도록 지도한다.
> ☑ 술래가 지정한 친구들이 반대 방향이 아닌 한 방향으로 달려도 되지만 한 방향으로 달릴 경우 한 명이 불리하다는 것을 미리 안내한다.

08 흰자 노른자 계란 게임

- 준 비 물   #맨몸
- 교과연계   #달리기 #모양바꾸기
- 기본인원   #10명 이상
- 활동장소   #운동장 #체육관 #다목적실 #교실

한 줄 설명 : 흰자, 노른자가 되어 빠르게 계란 완성하기

☀ 수업 전 준비해요

■ 팀 나누기
3명씩 모였을 때 1명이 남는다면 1명이 술래, 2
명이 남는다면 2명이 술래가 된다.

■ 준비물
구호를 외칠 때 마이크를 활용하면 좋다.

☀ 수업 중 이렇게 활동해요

❶ 2명은 마주보고 손을 잡고 1명은 마주잡은 손 사이로 들어가 3명씩 모인다. 손을 마주잡은 친구는 흰자가 되고 가운데에 들어간 친구는 노른자가 된다.	❷ 술래는 원하는 구호(흰자, 노른자, 계란 폭발)를 외친다. 술래가 흰자를 외칠 경우 노른자는 가만히 있고 흰자들만 잡은 손을 놓고 다른 노른자를 찾아 다른 친구와 흰자가 된다.

❸ 술래가 노른자를 외칠 경우 노른자만 다른 흰자의 손 사이로 자리를 옮긴다. 노른자가 이동할 때는 흰자가 손을 위로 들어준다.	❹ 계란 폭발을 외칠 경우 흰자, 노른자 구분 없이 모두 흩어져 새로운 3명이 짝을 지어 모인다. 구호를 외친 후 자리를 잡지 못한 경우 남는 사람이 술래가 되어 게임을 이어간다.

더 Fun하게 만드는 난이도 조절 Tip
☑ 술래가 구호를 외치는 것이 어렵다면 교사가 그 역할을 대신해도 된다.

뻔하지 않은 활동 운영 Tip!
☑ 이동 중에 서로 부딪히지 않도록 사전에 안전 지도를 한다.
☑ 흰자가 움직일 때 노른자가 누구인지 확인하기 어렵다면 노른자의 자세를 정해준다.(예시 – 손 머리에 올리기)

알 병아리 닭 게임

- **준 비 물** #맨몸
- **교과연계** #걷기 #표현적움직임
- **기본인원** #10명 이상
- **활동장소** #운동장 #체육관 #다목적실 #교실

한 줄 설명 : 가위바위보를 이겨 알에서 닭으로 진화하기

☀ 수업 전 준비해요

■ 팀 나누기
모두 알에서 시작한다.

■ 준비물
활동하는 공간이 크지 않아도 충분히 활동할 수 있다.

☀ 수업 중 이렇게 활동해요

❶ 모든 학생은 쪼그려 앉은 자세의 알이 되어 친구들과 가위바위보를 한다. 알은 "알알알" 구호를 외치며 쪼그려 앉아 다니고 알끼리만 가위바위보 한다.	❷ 가위바위보에서 이긴 알은 병아리가 되어 "삐약삐약" 구호를 외치며 작은 손날개짓을 하며 다닌다. 병아리는 병아리끼리만 가위바위보하며 진 병아리는 다시 알이 된다.

❸ 가위바위보에서 이긴 병아리는 닭이 된다. 닭은 "꼬끼오" 구호를 외치며 한 손으로 닭벼슬을 만든다. 닭은 닭끼리만 가위바위보하며 진 닭은 다시 알이 된다.	❹ 가위바위보를 이긴 닭은 자유가 된다. 자유가 된 닭은 경기장 밖에서 다른 친구들을 응원하고 자유가 되지 못한 3명의 친구가 남을 때까지 활동을 진행한다.

더 Fun하게 만드는 난이도 조절 Tip
☑ 닭에서 졌을 때 알이 아닌 병아리로 내려가면 활동 시간이 단축된다.
☑ 활동에 익숙해지면 닭의 윗단계도 추가한다.
　(예시 – 닭에서 이긴 친구는 선생님과 가위바위보, 닭 다음 공룡, 신 추가)

뻔하지 않은 활동 운영 Tip!
☑ 각 단계에 맞는 몸짓과 소리를 내어 쉽게 상대를 찾도록 지도한다.
　(알은 앉은 상태로 "알알알", 병아리는 작은 날개짓을 하며 "삐약삐약", 닭은 한 손으로 벼슬을 만들며 "꼬끼오")

10 손님 모셔오기

- 준 비 물 #맨몸
- 교과연계 #걷기 #달리기
- 기본인원 #10명 이상
- 활동장소 #운동장 #체육관 #다목적실 #교실

한 줄 설명 : 친구와 함께 자신의 옆자리에 손님 모셔오기

◉ 수업 전 준비해요

■ 팀 나누기
전체 학생이 원을 만들어 앉고 학생 사이에 하나의 빈자리를 만든다.

■ 준비물
의자나 원마커를 활용하면 자리를 쉽게 확인할 수 있다. 의자나 원마커는 전체 인원수보다 1개 더 준비한다.

◉ 수업 중 이렇게 활동해요

❶ 모든 학생은 원을 만들어 앉는다. 빈자리의 양옆에 앉은 친구는 술래가 된다. 두 술래는 손을 잡고 일어나서 손님을 모시러 간다.

❷ 손님을 모셔올 때는 손님의 양손을 술래가 한 손씩 잡고 모셔온다. 손님은 술래의 가운데에 있어야 하며 앉을 때도 가운데 자리에 앉는다.

❸ 손님이 떠나간 빈자리의 양옆에 있는 친구들이 또다시 술래가 된다.

❹ 5분의 제한 시간을 두고 활동하거나 노래 한 곡을 선정하여 노래가 끝나는 시간에 술래인 친구들이 벌칙을 수행한다.

더 Fun하게 만드는 난이도 조절 Tip
☑ 남자는 여자, 여자는 남자를 데려온다.
☑ 술래가 손님을 모셔가서 자리에 앉히기 전에 다음 술래는 바로 손님을 모시러 가면 더 빠른 활동 진행이 가능하다.

뻔하지 않은 활동 운영 Tip!
☑ 친구를 끌고 오거나 특정한 친구만 데려가지 않도록 지도한다.
☑ 끝나는 시간은 교사가 카운트다운을 하여 학생들이 인식할 수 있도록 한다.

에필로그

2022년 7월 29일 서울에서 학교 체육 정책 개선과 시행을 주제로 포럼이 열렸습니다. 총 4가지 발제문 중 '초등 1, 2학년 체육교과를 독립 운영해야 한다.'라는 주제를 다루었던 발제 내용이 가장 기억에 남습니다. '초등학교 1, 2학년 시기 학생들의 신체활동 시간 확보(80시간→128시간), 초등학교 1, 2학년 학생들의 체육 교과의 독립적 운영의 필요성'이라는 키워드가 필자의 가슴을 두근거리게 하였습니다.

그런데 동시에 '시수를 확보하고 초등학교 1, 2학년 학생들에게 체육을 독립적으로 운영할 수 있다면, 그다음은 어떻게?'라는 의문이 들었습니다. 지금까지는 저학년 신체활동에 관하여 What(무엇)과 Why(왜)의 논리로 접근했다면 이제부터는 How(어떻게)의 논리로 접근할 필요성을 느낀 것입니다.

과거와 비교하였을 때 요즘은 교육과정 재구성에 대한 교사의 자율성 비율이 높아지고 있습니다. 실제로 많은 선생님이 Top-Down의 상명하달식 교육과정 구성보다는 Bottom-Up 형식의 자율적 교육과정 재구성에 관심을 보이고 있으며, 그러한 교육과정 구성을 다른 선생님들과 공유하고 있는 것을 확인할 수 있습니다. 이러한 변화에 발맞추어 이제는 본격적으로 저학년 학생들의 신체활동 교육을 위해서 어떻게(How) 하면 좋을지에 대한 선생님들의 전문성을 발휘할 때인 것 같습니다. 교육의 질은 교사의 질과 맞닿아 있는 것과 같이 저학년 학생들의 신체활동 교육의 질 또한 우리의 고민과 공유에서부터 시작될 것입니다.

저희가 본 책을 집필하게 된 이유도 1, 2학년 신체활동 운영에 대한 고민과 공유에서 찾을 수 있습니다. 저희 넷의 교직 경력을 다 합치면 대략 24년 정도 되지만 온전한 체육교육에 대한 열정만큼은 숫자로 가늠할 수 없을 정도로 뜨겁습니다. 이러한 저희의 열정의 불씨가 후배 선생님들에게는 자신감으로 전달되어 더 창의적인 신체활동 구성으로, 선배 선생님들께는 또 하나의 귀감의 사례가 되어 더 뛰어난 신체활동 교육자료로 공유될 것이라고 믿어 의심치 않습니다. 이는 반드시 초등학교 전 학년 학생들의 신체활동 선순환의 시대를 이끌 것이라고도 확신할 수 있습니다.

글을 마무리하려다 보니 책 집필의 전 과정이 머릿속을 스칩니다. 책의 구성, 교구의 선정과 활동의 선택 등 네 명의 선생님들이 각자의 교육철학과 교육 경험을 바탕으로 다양한 아이디어를 제시하고, 수정하고, 덧붙이는 모든 과정이 그저 행복하고 즐거웠습니다. 물론 시행착오도 겪었지만, 학생들의 온전한 신체활동 경험을 위한 '우리들의 행복한 시간'이었다고 생각하면 마음이 뿌듯해집니다.

끝으로 저학년 신체활동의 활성화를 위하여 고군분투 노력하고 계시는 전국의 모든 선생님께 감사와 응원의 말을 전하면서 글을 마치도록 하겠습니다.

"학생들의 신체활동의 중요성을 인식하고 실현으로 이끌어주시는 모든 선생님! 존경하고, 응원합니다! 각각의 전문성이 모여 보다 효과적인 체육교육이 이루어지는 그 날까지 파이팅! 입니다! 초등 체육 파.이.팅!!"

감사합니다.

2022년 11월 오정근, 양현서, 조영준, 박규빈 드림